Weihnachtskrimis

Weihnachtskrimis

Klassische Erzählungen
aus England

Anaconda

Penguin Random House Verlagsgruppe FSC® N001967

Die Deutsche Nationalbibliothek verzeichnet diese Publikation
in der Deutschen Nationalbibliografie; detaillierte bibliografische
Daten sind im Internet unter http://dnb.d-nb.de abrufbar.

© 2024 by Anaconda Verlag, einem Unternehmen der
Penguin Random House Verlagsgruppe GmbH,
Neumarkter Straße 28, 81673 München
Alle Rechte vorbehalten.
Umschlagmotiv: Adobe Stock / baobabay (Landschaft),
Любовь Овсянникова (Ilex/Beeren)
Umschlaggestaltung: Druckfrei. Dagmar Herrmann, Bad Honnef
Satz und Layout: Achim Münster, Overath
Druck und Bindung: GGP Media GmbH, Pößneck
Printed in Germany
ISBN 978-3-7306-1443-3

www.anacondaverlag.de

Inhalt

Robert Louis Stevenson

Markheim

Aus dem Englischen von Marguerite Thesing

»Ja«, sagte der Händler, »die Wechselfälle unseres Geschäfts sind vielfältig. Es gibt unwissende Kunden, und dann profitiere ich durch mein größeres Wissen. Es gibt auch Unehrliche«, hier hielt er den Leuchter in die Höhe, dass das Licht voll auf seinen Besucher fiel, »und in diesem Fall«, fuhr er fort, »ziehe ich aus meiner Tugend Gewinn.«

Markheim kam gerade erst aus dem Tageslicht der Straße; seine Augen hatten sich noch nicht an das Gemisch von Licht und Dunkel in dem Laden gewöhnt. Bei diesen vielsagenden Worten und angesichts der Nähe der Flamme blickte er schmerzlich blinzelnd beiseite.

Der Händler kicherte. »Sie kommen am Weihnachtstag zu mir«, redete er weiter, »obwohl Sie genau wissen, dass ich allein im Haus bin, die Läden heruntergelassen habe und streng darauf halte, Geschäften aus dem Weg zu gehen. Nun, Sie werden dafür zahlen müssen; Sie werden dafür zahlen müssen, dass ich jetzt Zeit versäume, während ich über meinen Rechnungsbüchern sitzen sollte; Sie müssen außerdem für ein gewisses Benehmen zahlen, das mir heute an Ihnen ganz besonders auffällt. Ich bin die Diskretion selbst und stelle keine unliebsamen Fragen; aber wenn mir ein Kunde nicht ins Auge sehen kann, muss er dafür zahlen.« Wieder kicherte der Händler und fuhr dann im üblichen Geschäftston, wenn auch mit einem Schatten von Ironie fort: »Sie können natürlich wie gewöhnlich klar angeben, wie Sie in den Besitz des Gegenstands gelangt sind? Wieder mal aus Ihres Onkels Kabinett? Ein hervorragender Sammler, Sir!« Der kleine, blasse Händler mit dem krummen Rücken stellte sich fast auf die Zehenspitzen, guckte über seine goldenen Brillengläser hinweg und schüttelte mit allen Zeichen des Unglaubens den Kopf. Markheim erwiderte seinen Blick in grenzenlosem Mitleid und leisem Grauen.

»Diesmal«, sagte er, »befinden Sie sich im Irrtum. Ich bin nicht gekommen, um zu verkaufen, sondern um zu kaufen. Ich will keine Raritäten losschlagen; meines Onkels Kabinett ist bis zu den Wänden geplündert; aber selbst wenn es noch intakt wäre, würde ich nichts verkaufen wollen. Ich habe an der Börse Glück gehabt und würde die Sammlung daher eher vergrößern als vermindern; mein heutiges Anliegen ist die Einfachheit selbst. Ich suche ein Weihnachtsgeschenk für eine Dame«, fuhr er mit wachsender Geläufigkeit fort, je mehr er sich für die Rede, die er sich zurechtgelegt hatte, erwärmte, »und sicherlich schulde ich Ihnen dafür, dass ich Sie in einer so geringfügigen Angelegenheit störe, eine Genugtuung. Aber ich habe die Sache gestern versäumt; ich muss meine kleine Aufmerksamkeit heute beim Essen anbringen; wie Sie genau wissen, darf man eine reiche Heirat nicht vernachlässigen.« Eine Pause folgte, in der der Händler diese Erklärung ungläubig abzuwägen schien. Das Ticken zahlreicher Uhren, die unter dem fremdartigen Trödel des Ladens verborgen waren, und das ferne Rollen der Wagen aus einer der benachbarten Verkehrsstraßen füllten die kurze Stille.

»Gut, Sir«, sagte der Händler, »es sei. Schließlich sind Sie ja ein alter Kunde; und wenn sich Ihnen wirklich, wie Sie sagen, die Gelegenheit zu einer vorteilhaften Heirat bietet, will ich der Letzte sein, der sich Ihnen irgendwie in den Weg stellt. Hier habe ich etwas Hübsches für eine Dame«, fuhr er fort, »einen Handspiegel – fünfzehntes Jahrhundert, garantiert echt; stammt überdies aus einer guten Sammlung, wenn ich auch den Namen im Interesse meines Kunden verschweigen muss, der ganz wie Sie, verehrter Herr, der Neffe und einzige Erbe eines hervorragenden Sammlers ist.«

Der Händler hatte sich, während er in seiner trockenen, bissigen Art zu schwatzen fortfuhr, gebückt, um den Gegenstand von seinem Platz zu holen; währenddessen fuhr ein Zittern durch Markheims Glieder, ein Zucken von Hand und Fuß, und plötzlich jagte ein Sturm aufrührerischer Leidenschaften über sein Gesicht. Der Anfall verging so rasch, wie er gekommen war, und ließ keine Spur zurück, ausgenommen ein gewisses Beben der Hand, die jetzt den Spiegel in Empfang nahm.

»Ein Spiegel«, sagte er heiser und wiederholte deutlicher nach einer Pause. »Ein Spiegel? Zu Weihnachten? Das ist doch nicht Ihr Ernst?«

»Warum denn nicht?«, rief der Händler. »Warum keinen Spiegel?«

Markheim blickte ihn mit undefinierbarem Ausdruck an. »Sie fragen mich, warum ich keinen Spiegel will?«, sagte er. »Sehen Sie her – sehen Sie selbst hinein – sehen Sie sich an! Lieben Sie es, sich zu betrachten? Nein! Ich auch nicht – und ich wüsste niemanden, der es täte.«

Das Männchen war zurückgeschnellt, als Markheim ihm so plötzlich den Spiegel hinhielt; jetzt aber, da er erkannte, dass er nichts Schlimmeres in der Hand hatte, kicherte er. »Ihre Zukünftige muss recht stiefmütterlich vom Schicksal bedacht sein«, meinte er.

»Ich bitte Sie um ein Weihnachtsgeschenk«, sagte Markheim, »und Sie geben mir dieses da – diesen verdammten Herold der Zeit, der von Sünden und Torheit spricht – diesen Handmahner des Gewissens! War das Ihre Absicht? Hatten Sie dabei einen Hintergedanken? Reden Sie. Sie tun gut daran. Kommen Sie und erzählen Sie mir von sich selbst. Ich rate aufs Geratewohl:

10

Im Grunde Ihres Herzens sind Sie ein recht mildtätiger Mann?«

Der Händler musterte seinen Besucher scharf. Seltsam, Markheim schien nicht zu lachen; auf seinem Gesicht leuchtete etwas wie erwartungsvolle Hoffnung, aber keine Lustigkeit.

»Worauf wollen Sie hinaus?«, fragte der Händler.

»Nicht mildtätig?«, entgegnete düster der andere. »Nicht mildtätig; nicht fromm; nicht gewissenhaft; lieblos, ungeliebt; eine Hand zum Gelderraffen, eine Kassette für dessen Aufbewahrung. Ist das alles? Du großer Gott, Mensch, ist das alles?«

»Ich will Ihnen sagen, was ist«, begann der Händler mit einiger Schärfe und brach dann mit einem Kichern ab. »Aber ich sehe ja, dass dies eine Liebesheirat ist, und Sie haben auf der Dame Gesundheit getrunken.«

»Ah«, rief Markheim mit seltsamer Neugier, »ah, sind Sie je verliebt gewesen? Erzählen Sie mir davon.«

»Ich«, rief der Händler, »ich, verliebt? Habe nie die Zeit dazu gehabt und habe auch heute keine Zeit für diesen Unsinn. Wollen Sie nun den Spiegel?«

»Wozu die Eile?«, entgegnete Markheim. »Es steht und plaudert sich hier doch recht angenehm; und das Leben ist so kurz und unsicher, dass ich keiner Freude entrinnen möchte, selbst einer so unschuldigen wie dieser nicht. Wir sollten vielmehr an allem, was uns gegeben ist, festhalten, festhalten wie einer, der über einem Abgrund schwebt.

Jede Sekunde stellt einen Abgrund dar, wenn man's recht bedenkt – einen schwindelnd tiefen Abgrund – tief genug, um uns bis zur Unkenntlichkeit unseres Menschentums zu zerschmettern. Und daher ist es besser, sich angenehm zu unterhalten. Wir wollen voneinander reden; wozu diese Maske? Lassen Sie uns gegenseitig Vertrauen fassen. Wer weiß, vielleicht werden wir noch Freunde?«

»Ich habe Ihnen gerade noch ein Wort zu sagen«, erklärte der Händler. »Entweder Sie erledigen Ihren Einkauf oder Sie scheren sich aus meinem Laden!«

»Wahr, sehr wahr«, sagte Markheim. »Genug der Torheiten. Zur Sache. Zeigen Sie mir etwas anderes.«

Der Händler bückte sich ein zweites Mal, um den Spiegel auf das Brett zurückzulegen; sein dünnes blondes Haar fiel ihm über die Augen. Markheim trat, die eine Hand in der Tasche seines schweren Mantels vergraben, ein wenig näher. Er straffte sich zu seiner vollen Länge, und seine Lungen sogen sich voll Luft. Gleichzeitig malten sich die verschiedenartigsten Empfindungen auf seinem Gesicht: Furcht, Grauen und Entschlossenheit, faszinierte Aufmerksamkeit und physischer Widerwillen, und unter der verzerrten Oberlippe wurden seine Zähne sichtbar.

»Vielleicht ist dies etwas Passendes«, bemerkte der Händler; und während er sich aufrichtete, stürzte sich Markheim von hinten auf sein Opfer. Die lange schmale Klinge blitzte auf und traf. Der Händler zappelte wie eine

Henne, stieß mit der Schläfe gegen das Wandbrett und sank in einem Häufchen zu Boden.

Die Zeit hatte wohl ein Dutzend feiner Stimmen in jenem Laden, gewichtige und gemessene, wie es dem hohen Alter zukommt, schwatzhafte und eilige, und alle zählten im verworrenen Ticktack die Sekunden. Von der Gasse her durchbrach das hastige Gepolter von Knabenfüßen auf Pflastersteinen den Chor der schwächeren Stimmen und erweckte Markheim zum Bewusstsein seiner Umgebung. Er blickte sich furchtsam um. Die Kerze stand auf dem Ladentisch; mahnend zuckte die Flamme im Luftzug, und diese fast unmerkliche Bewegung füllte den ganzen Raum mit stummem Leben und wogender Unruhe wie das Meer: Die steilen Schatten nickten, die schweren massigen Dunkelheiten wuchsen und schrumpften wie atmende Wesen, die Gesichter der Porträts und der chinesischen Porzellangötter wandelten sich und verschwammen wie Spiegelbilder im Wasser. Die innere Tür stand offen und spähte in das Heer der Schatten mit einem langen schmalen Streifen Tageslicht, der einem gestreckten Zeigefinger glich.

Von ihren Irrfahrten kehrten Markheims furchtbefallene Augen zu dem Körper seines Opfers zurück, wie er buckelig, mit gespreizten Gliedern, unglaublich klein und unendlich viel erbärmlicher als im Leben dalag. In den ärmlichen Kleidern eines Geizhalses und in jener plumpen Stellung war das Ganze nicht viel mehr als ein Häufchen Lumpen. Markheim hatte sich vor seinem Anblick gefürchtet, und siehe! Es war ein Nichts. Und dennoch, wie er es so betrachtete, begannen in diesem blutbesudelten Bündel alter Kleider, beredte Stimmen laut zu werden. Dort musste es liegen; niemand war, der die geschickt gearbeiteten Angeln und Scharniere spielen ließ, der das Wunder der Bewegung dirigieren konnte. Dort musste es liegen, bis es gefunden wurde. Gefunden! Ja, und dann? Dann würde aus diesem toten Leib ein Schrei aufsteigen, von dem ganz England widerhallen musste. Das Echo der Jagd würde die ganze Welt erfüllen. Ja, tot oder lebendig, hier lag der Feind. »Zeit war, da der gehemmte Geist entwich« – fuhr es ihm durch den Sinn, und das erste Wort zündete in seinem Hirn. Die Zeit, die für das Opfer ausgelöscht war, war nun, da er die Tat vollbracht hatte, für den Mörder unaufhaltsam, ungeheuerlich bedeutungsvoll geworden.

Dieser Gedanke erfüllte ihn noch ganz, als erst die eine und dann die andere Uhr, in jeder möglichen Variation von Takt und Stimme, tief wie die Glocke einer Kathedrale, leicht und hell wie der Auftakt zu einem Walzer, die dritte Nachmittagsstunde zu schlagen begann.

Der plötzliche Ausbruch so zahlreicher Stimmen in dem stummen Raum traf ihn wie ein Fausthieb. Er setzte sich in Bewegung, schritt, die Kerze in der Hand, hin und her, unablässig von gleitenden Schatten verfolgt und zu Tode erschrocken von zufälligen Betrachtungen. Aus zahlreichen prunkvollen Spiegeln teils heimischen Ursprungs, teils aus Venedig oder Amsterdam, blickte ihm sein Gesicht in vielfältigen Wiederholungen gleich einem Heer von Spionen entgegen; seine eigenen Augen stellten ihn in der Begegnung, und seine eigenen Schritte schreckten trotz ihrer Leichtigkeit die umgebende Stille auf. Und noch während er seine Taschen füllte, warf ihm sein Hirn mit unablässiger, tödlicher Monotonie die tausend Fehler seines Plans vor. Er hätte eine ruhigere Stunde wählen, sich ein Alibi beschaffen sollen; er hätte kein Messer gebrauchen, hätte vorsichtiger sein sollen. Es hätte genügt, den Händler zu binden und zu knebeln, statt ihn zu töten; er hätte verwegener sein und sich auch noch des Dienstboten entledigen sollen; alles hätte er anders machen sollen: brennendes Bedauern, zehrender, nimmer endender Kreislauf der Gedanken, um das zu ändern, was nicht zu ändern war; zweckloses Planen, Baumeister der unwiderruflichen Vergangenheit zu werden. Und im Hintergrund dieses fiebrigen Denkens füllten tierische Schrecken, wie das Scharren und Rascheln der Ratten auf dem öden Dachboden, die geheimsten Kammern seines Gehirns mit Aufruhr; die Hand des Constable fiel schwer auf seine Schulter, und seine Nerven zuckten wie der Fisch am Angelhaken; oder es jagten Gerichtsschränke, Gefängnis, Galgen und der schwarze Sarg an seinem Innern vorbei. Furcht vor den Leuten auf der Straße belagerte ihn wie eine Armee die Festung. Unmöglich, dass nicht irgendwie

der Kampf ruchbar geworden war und ihre Neugier auf-
gestachelt hatte. Jetzt sah er sie in den Nachbarhäusern
sitzen, regungslos, die Ohren gespitzt – die Einsamen, die
dazu verurteilt waren, Weihnachten allein mit ihren Erinnerungen zu feiern, durch seine Tat aus zärtlichen Gedanken aufgeschreckt; glückliche Familien um den Tisch
versammelt und zu Schweigen erstarrt, die Mutter mit er-
hobenem Finger: Menschen jedes Standes, jedes Alters,
jeder Laune, aber alle am eigenen Herd versammelt, und
alle spähend, lauschend und den Strick flechtend, der ihn
henken sollte. Mitunter war es ihm, als könne er nicht
leise genug gehen; das Klirren der hohen böhmischen
Gläser tönte laut wie eine Glocke, und durch das sonore
Ticken erschreckt, fühlte er sich versucht, die Uhren ab-
zustellen. Und wieder, in wechselndem Entsetzen, schien
ihm das Schweigen selbst voller Gefahr: Es musste den
Passanten auffallen, sie erstarrend an die Stelle fesseln.
Und sofort vermehrte er die Sicherheit seines Auftretens,
machte sich geräuschvoll in dem Laden zu schaffen und
ahmte mit studierter Leichtigkeit das Treiben eines ge-
schäftigen Mannes nach, der sich zwanglos in seinem
eigenen Haus bewegt.

Jetzt aber fühlte er sich von so vielfachen Ängsten zerrissen, dass sein Gehirn dem Wahnsinn nahe war und
doch wieder wachsam und schlau auf der Lauer lag. Der
Nachbar, der sein bleiches Gesicht gegen die Scheiben
presste, der Passant, den eine grausige Ahnung stehen

bleiben hieß, konnten schlimmstenfalls nur Vermutungen hegen: Wissen konnten sie nichts. Die Ziegelmauern und geschlossenen Fensterläden ließen nur Geräusche hindurch. Aber war er hier im Haus auch wirklich allein? Er wusste, dass er es war; er hatte das Dienstmädchen in dem armen Feiertagskleid fortgehen sehen, dem Schatz entgegen, ›Ausgang‹ in jeder Rüsche, in jeder lächelnden Falte ihres Gesichts. Ja, er war allein, natürlich war er allein; dennoch hörte er ganz genau über sich in der weiten Leere des Hauses zarte Tritte – er war sich einer fremden Gegenwart vollauf bewusst, auf rätselhafte Art bewusst. Ja, bestimmt; seine Fantasie schlich ihr in jedes Zimmer, in jeden Winkel nach, und jetzt war es ein Ding ohne Gesicht, aber mit Augen, die sahen, und dann war es ein Schatten seiner selbst, und wieder war es das Abbild des toten Händlers, zu neuem Hass und neuer Tücke auferweckt.

Mit Überwindung blickte er von Zeit zu Zeit nach der offenen Tür, vor der seine Augen trotzdem zurückprallten. Das Haus war sehr hoch, das Oberlichtfenster klein und schmutzig, der Tag von Nebel blind. Das Licht, das nach dem Erdgeschoss durchsickerte, war außerordentlich trüb und zeichnete sich nur matt auf der Ladenschwelle ab. Und doch – lauerte nicht ein schlanker Schatten dort in dem schmalen Dämmerstreifen?

Plötzlich fing ein äußerst jovialer Herr an, unter Schreien und Scherzen und fortgesetzten Wiederholungen des Namens des Händlers von draußen her mit seinem Stock gegen die Ladentür zu pochen. Markheim blickte, zu Eis erstarrt, den Toten an. Nein, der lag ganz still, weit außerhalb der Hörweite dieses Klopfens und Rufens, in einem Ozean des Schweigens versunken, und sein Name, der ehedem für seine Ohren das Toben des Sturms übertönt haben mochte, war ein leeres Geräusch geworden. Und nach einer Weile hörte der joviale Herr mit seinem Klopfen auf und ging seiner Wege.

Das war ein deutlicher Wink, mit dem, was es noch zu tun gab, nicht zu säumen; sich auf und davon zu machen aus dieser anklagenden Umgebung, unterzutauchen in die Millionen Londons und, jenseits des Tages, jenen Hafen der Sicherheit und scheinbaren Unschuld zu erreichen – das Bett. Ein Besucher hatte sich bereits gemeldet; jeden Augenblick konnte ihm ein zweiter, hartnäckigerer folgen. Nach vollbrachter Tat um ihre Früchte betrogen zu werden, wäre zu furchtbar gewesen. Das Geld, das war jetzt Markheims vornehmste Sorge, und als Mittel dazu: die Schlüssel.

Er warf einen Blick über die Schulter nach der offenen Tür, wo nach wie vor zitternd der Schatten weilte. Ohne klaren psychischen Widerwillen, aber unter körperlichem Schaudern näherte er sich der Leiche seines Opfers. Der menschliche Charakter war ganz von ihr gewichen. Mit gespreizten Gliedern und gekrümmtem Rumpf glich sie einem lose mit Sägemehl ausgestopften Kleiderbündel;

dennoch stieß das Ding ihn ab. Trotz der nichtssagenden Dürftigkeit des Anblicks fürchtete er sich vor der beredteren Sprache der Berührung. Er fasste die Leiche an den Schultern und legte sie auf den Rücken. Sie war seltsam leicht und geschmeidig, und die Arme und Beine nahmen dabei, wie gebrochen, die sonderbarsten Stellungen an. Das Gesicht war ohne jeden Ausdruck, aber wachsbleich und die eine Schläfe entsetzlich mit Blut beschmiert. Das war das Einzige, was Markheim Widerwillen einflößte. Im Nu war er in ein Fischerdorf zurückversetzt, an einem gewissen Jahrmarktstag: ein grauer Himmel, ein pfeifender Wind, eine Volksmenge auf den Straßen, Blechmusik, Trommelwirbel, und die näselnde Stimme einer Bänkelsängerin, dazu ein Knabe, der, zwischen Furcht und Interesse zerrissen, im Gedränge untertauchte und sich hin und her bewegte, bis er auf dem Hauptrummelplatz eine Bude mit einer ungeheuren Plakatwand entdeckte: elendigliche, roh gemalte, schreiende Bilder; die Brownrigg mit ihrem Lehrling, die Mannings mit ihrem ermordeten Gast, Weare mit der Mörderfaust Thurtells an der Kehle, und ein Dutzend anderer berühmter Verbrechen waren hier dargestellt. Das Ganze war so lebendig wie eine Fata Morgana; wieder war er der kleine Junge, wieder betrachtete er mit dem gleichen körperlichen Widerwillen diese gemeinen Bilder; wieder schlug der Trommellärm betäubend an sein Ohr. Einige Takte der damals gehörten Musik huschten ihm durch den Sinn, und hierbei überkam ihn zum ersten Male ein Ohnmachtsgefühl, eine Welle der Übelkeit, eine plötzliche Schwäche in den Kniegelenken, die es augenblicks zu bekämpfen und zu überwinden galt.

Er hielt es für klüger, seinen Betrachtungen standzuhalten, als ihnen zu entfliehen. Fest sah er dem Toten ins Gesicht und zwang sich, die Art und Größe seines Verbrechens zu begreifen. Wie lange war es her, dass sich auf diesem Antlitz jedes wechselnde Empfinden gespiegelt, dass dieser Mund geredet, dieser Körper geglüht hatte von feurigster, lenksamer Energie? Und jetzt war durch seine Tat jenes Stückchen Leben angehalten worden, wie der Uhrmacher mit gestrecktem Finger das Räderwerk der Uhr zum Stehen bringt. So suchte er sich vergeblich zu überzeugen; vergeblich suchte er sich zu reuigerem Bewusstsein aufzupeitschen; dasselbe Herz, das vor den Abbildern des Verbrechens zurückgeschreckt war, blieb unberührt hier vor der Wirklichkeit. Im besten Fall fühlte er ein schwaches Bedauern für dieses Wesen, dem umsonst ein gütiges Schicksal alle Gaben in die Wiege gelegt hatte, die die Welt in einen Zaubergarten verwandeln, und das, ohne je gelebt zu haben, jetzt gestorben war. Von Reue aber keinen Hauch.

Damit schüttelte er diese Gedanken von sich ab; er fand die Schlüssel und schritt auf die offene Tür zu. Draußen hatte es heftig zu regnen angefangen, und das Geräusch der auf das Dach fallenden Tropfen hatte das

Schweigen verbannt. So wie in gewissen Höhlen das ständig rieselnde Wasser ein nie enden wollendes Echo weckt, so füllte sich das Haus mit ihrem Widerhall, der sich mit dem Ticken der Uhren vermischte. Im Näherschreiten war es Markheim, als antwortete seinen behutsamen Tritten ein anderer fremder Tritt, der sich vor ihm die Treppe hinauf zurückzog. Immer noch zitterte der Schatten auf der Türschwelle. Mit dem Zentnergewicht seines Willens zwang er seine Muskeln zum Gehorsam und schob die Tür vollends zurück.

Das schwache, dunstige Tageslicht schimmerte trübe auf dem kahlen Fußboden und der Treppe, auf der blinkenden Ritterrüstung, die mit aufgepflanzter Hellebarde auf dem Treppenabsatz stand, auf die dunklen Holzschnitzereien und gerahmten Bilder, die sich von der gelben Holzbekleidung der Wände abhoben. Die prasselnden Regentropfen hallten so laut im Haus wider, dass Markheim in ihnen vielfältige Stimmen und Geräusche zu unterscheiden vermeinte. Fußtritte und Seufzer, der schwere Schritt eines in der Ferne marschierenden Regiments, das Klingen von Goldmünzen auf dem Ladentisch, das Knarren von Türen, die von heimlicher Hand offen gehalten wurden, mischten sich, so schien es ihm, in das Geräusch des klatschenden Regens auf der Dachkuppel und in das Rauschen des Wassers in den Leitungsrohren.

Das Bewusstsein fremder Gegenwart brachte ihn dem Wahnsinn nahe. Von allen Seiten umlagerten und verfolgten ihn unsichtbare Wesen. Er hörte sie sich in den oberen Räumen bewegen; vom Laden her spürte er den Toten sich aufrichten und lebendig werden, und als er sich mit starker Überwindung anschickte, die Treppe hinaufzusteigen, flohen Füße geräuschlos vor ihm her und schlichen ihm heimlich nach. Wäre er nur taub, fuhr es ihm durch den Sinn, wie sicher würde er Herr seiner Seele sein. Und wieder horchte er auf und segnete jenen immer wachen Sinn, der auf Vorposten stand und als zuverlässige Schildwache sein Leben beschirmte.

Unablässig drehte und wendete er den Kopf; seine Augen, die aus ihren Höhlen hervorzutreten schienen, spähten und schweiften nach allen Seiten, und von allen Seiten her ward ihnen ein halber Lohn durch ein namenloses Etwas, dessen schwindende Spur sie erhaschten. Die vierundzwanzig Stufen zum oberen Stockwerk waren vierundzwanzig Höllenstrafen. Auf diesem Flur gähnten ihm drei Türen entgegen, drohende Hinterhalte, die wie drei Kanonenmündungen seine Nerven erschütterten. Er fühlte es, nichts war stark genug, um ihn fortan gegen die spähenden Augen der Menschen zu stählen und zu wappnen. Er sehnte sich danach, zu Hause zu sein, hinter festen Mauern, in den Betttüchern vergraben, unsichtbar vor allen, außer vor Gott.

Bei diesem Gedanken wunderte er sich ein wenig, in Erinnerung an die vielen Geschichten von anderen Mördern, die angeblich vor der Rache des Himmels gezittert hatten.

Sie stimmten nicht, wenigstens was ihn betraf. Er fürchtete sich vor den Gesetzen der Natur, dass sie in ihrem gefühllosen und unabänderlichen Ablauf eine vernichtende Spur seines Verbrechens festhalten könnten. Mit zehnfachem sklavischen, abergläubischen Grauen fürchtete er irgendeinen Riss in der Kontinuität der menschlichen Erfahrungen, irgendeinen willkürlichen Bruch der Naturgesetze. Er spielte ein Spiel der Geschicklichkeit, das von den Regeln, den berechneten Wirkungen bestimmter Ursachen abhing. Wie, wenn nun die Natur, wie der besiegte Tyrann das Schachbrett, ihre Gesetzesfolge zertrümmern sollte? Das Gleiche hatte Napoleon betroffen, als der Winter den Zeitpunkt seines Eintreffens änderte.

Das Gleiche konnte Markheim treffen: Die festen Mauern konnten durchsichtig werden und sein Treiben enthüllen wie das Treiben von Bienen in einem gläsernen Stock. Die starken Dielen konnten wie trügerischer Flugsand nachgeben und ihn umklammern; ja, alltäglichere Ereignisse konnten ihn vernichten. Wie, wenn nun das Haus einfiel und ihn zusammen mit dem Leichnam seines Opfers einsperrte? Oder wenn in dem Nachbarhaus Feuer ausbräche und ringsum die Feuerwehr auf ihn eindränge? Das waren die Dinge, die er fürchtete, die Dinge, die man gewissermaßen die Hand Gottes nennen konnte, die Er der Sünde entgegenreckt. Vor Gott selbst fürchtete er sich nicht; gewiss, seine Tat war eine Ausnahmetat, aber ungewöhnlich waren auch seine Entschuldigungsgründe, die Gott allein kannte. Bei ihm, nicht aber bei den Menschen war er der Gerechtigkeit sicher.

Nachdem er unbehelligt in das Wohnzimmer eingedrungen war und die Tür hinter sich geschlossen hatte, fühlte er seine Furcht von sich weichen. Die Einrichtung war völlig aufgelöst; der Teppich fehlte, stattdessen standen zahlreiche Packkisten und Möbelstücke in wüstem Durcheinander; dazu verschiedene hohe Spiegel, in denen er sich von allen möglichen Seiten erblickte, wie ein Schauspieler in verschiedenen Bühnenposen, viele Bilder, gerahmt und ungerahmt, mit der Vorderseite gegen die Wand gelehnt, eine schöne Sheraton-Anrichte, ein eingelegter Sekretär und ein mächtiges altes Bett mit schweren Vorhängen.

Die Fenster gingen auf den Hof hinaus, aber zum Glück verbargen ihn die heruntergelassenen Läden vor den Nachbarn. Markheim rückte also eine der Kisten vor den Sekretär und begann, nacheinander die Schlüssel zu erproben. Es war ein langwieriges und angreifendes Geschäft, denn vielleicht war der Sekretär auch leer, und die Zeit drängte. Indes ernüchterte ihn die angespannte Arbeit. Er schielte dabei zur Tür – ja mitunter blickte er sie gerade an, wie ein belagerter Kommandant, der sich freut festzustellen, dass seine Verteidigungsmaßnahmen in gutem Zustand sind.

In Wahrheit war er jetzt ganz ruhig. Das Plätschern des Regens auf der Straße klang wieder natürlich und angenehm in seinen Ohren. Nach einer Weile drangen aus der entgegengesetzten Richtung die Töne eines Klaviers zu ihm herüber, die sich der Melodie eines Chorals anschmiegten, und zahlreiche Kinderstimmen nahmen die Weise und die Worte auf. Wie majestätisch und trostreich klang die Melodie, wie frisch waren die jugendlichen Stimmen. Markheim lauschte lächelnd, während er die Schlüssel ordnete; in seinem Geist drängten sich sprechende Bilder und Gedanken: Kinder auf dem Weg zur Kirche und Orgelgebraus, Kinder auf der Wiese, Badende am Bachufer, kleine Beerenleser im Gemeindewäldchen, jugendliche Drachenspieler unter einem windigen, wolkenreichen Himmel; und bei der nächsten Kadenz war er wieder in die Kirche zurückversetzt, in die schläfrige Hitze eines Sommersonntags, hörte die hohe, vornehme Stimme des Geistlichen (die ihm in der Erinnerung noch ein leises Lächeln entlockte) und sah die gemalten Jakobitengrabmäler sowie die matten Buchstaben der Zehn Gebote an der Kanzel.

Und noch während er so geschäftig und abwesend zugleich dasaß, riss es ihn plötzlich auf die Füße. Ein Strahl von Eis und ein Strahl von Feuer, eine Woge pochenden Bluts, und er stand angenagelt, jeder Nerv gespannt. Ein langsamer, fester Schritt kam die Treppe herauf, und nach einer Weile legte eine Hand sich auf die Türklinke, das Schloss klirrte und die Tür öffnete sich.

Furcht hielt Markheim wie mit Eisenklammern. Er

wusste nicht, was war; ob der Tote auferstanden war, ob die offiziellen Häscher der menschlichen Justiz ihn greifen wollten, ob ein zufälliger Zeuge hier blind hereinstolperte, um ihn dem Galgen zu überliefern. Als jedoch ein Gesicht sich durch die Öffnung schob, im Zimmer umherblickte, ihm wie in freundschaftlichem Erkennen zunickte und lächelte, und sich dann wieder zurückzog, brach seine Furcht in einem heiseren Schrei durch. Bei diesem Laut kehrte der Besucher wieder um.

»Haben Sie mich gerufen?«, fragte er freundlich, und mit diesen Worten trat er, die Tür hinter sich schließend, ins Zimmer.

Markheim stand und starrte ihn krampfhaft an. Vielleicht lag ein Schleier über seinen Augen, aber es war ihm, als ob die Konturen des Ankömmlings sich wandelten und verschwammen, wie die der Götzen in dem unruhigen Kerzenlicht des Ladens. Mitunter kam er ihm bekannt vor, dann wieder schien er ihm selbst zu gleichen; und dabei lastete unablässig, gleich einem schweren Stein und voll lebendigsten Entsetzens, die Überzeugung auf seiner Brust, dass das Wesen dort nicht von dieser Welt und auch nicht vom Himmel sei.

Und dennoch – das Geschöpf sah seltsam alltäglich aus, wie es so dastand und Markheim lächelnd ansah, und als es gar hinzufügte: »Sie suchen, soviel ich weiß, das Geld?«, waren seine Worte in dem üblichen Ton eines höflichen Mannes.

Markheim antwortete nicht.

»Ich muss Sie darauf aufmerksam machen«, fuhr der andere fort, »dass das Dienstmädchen sich heute früher als gewöhnlich von seinem Schatz getrennt hat und bald hier sein wird. Sollte Mr Markheim hier im Haus gefunden werden, so brauche ich ihn wohl nicht erst auf die Folgen hinzuweisen.«

»Sie kennen mich?«, rief der Mörder.

Der Besucher lächelte. »Seit Langem gehören Sie zu meinen ganz besonderen Freunden«, sagte er, »und schon lange habe ich Sie beobachtet und Ihnen helfen wollen.«

»Wer sind Sie?«, rief Markheim. »Der Teufel?«

»Wer ich bin«, erwiderte der andere, »hat nichts mit dem Dienst zu tun, den ich Ihnen leisten möchte.«

»Nein«, rief Markheim, »nein! Mir von Ihnen helfen lassen? Niemals; von Ihnen nicht. Noch kennen Sie mich nicht; dem Himmel sei Dank, mich nicht.«

»Ich kenne Sie«, entgegnete der Gast in gleichsam freundlich strengem oder festem Ton. »Ich kenne Sie bis auf den Grund Ihrer Seele.«

»Mich kennen!«, rief Markheim. »Wer kann das? Mein Leben ist nichts als eine Travestie, eine Verleumdung meiner selbst. Ich habe gelebt, um meine Natur Lügen zu strafen. Alle Menschen tun das; alle Menschen sind besser als die Maske, die sie tragen, die ihnen anwächst und sie erstickt. Sehen Sie nicht, wie das Leben sie packt und mit sich reißt, wie einen Menschen, den

27

Räuber in einen Mantel hüllen und mit sich schleppen? Könnten sie, wie sie wollten – könnten Sie ihre Gesichter sehen, sie wären ganz anders; sie würden als Heroen und Heilige erglänzen. Ich bin schlimmer als die meisten; trage eine ärgere Verkleidung; meine Entschuldigung kennen nur Gott und ich allein. Hätte ich Zeit dazu, ich würde mich enthüllen.«

»Sich mir enthüllen?«

»Ihnen vor allem«, entgegnete der Mörder. »Ich hielt Sie für intelligent. Ich glaubte – da Sie wirklich existieren –, Sie verstünden im Herzen zu lesen. Und doch wollen Sie mich nach meinen Taten beurteilen! Überlegen Sie, was das heißt, nach meinen Taten! Ich bin unter Riesen zur Welt gekommen, habe unter Riesen gelebt; Riesen haben mich, von dem Tag meiner Geburt an, bei der Hand genommen und fortgeschleppt – die Riesen des Zufalls, der Umgebung. Und Sie wollen mich nach meinen Taten beurteilen! Können Sie denn nicht in mein Inneres hineinsehen? Können Sie denn nicht begreifen, dass ich das Böse hasse? Erkennen Sie denn nicht in meinem Innern die klare Schrift des Gewissens, die keine willkürlichen Sophismen auszulöschen vermochten, wenn ich sie auch gar zu oft unbeachtet ließ? Erkennen Sie mich denn nicht als ein Wesen, das so weit verbreitet ist wie die Menschheit selbst – als den Sünder wider Willen?«

»Alles, was Sie sagen, klingt sehr schön«, lautete die Antwort, »geht mich aber nichts an. Fragen der Charakterstärke fallen nicht in mein Gebiet, und es ist mir ganz gleichgültig, durch welchen Zwang Sie sich haben mitreißen lassen, vorausgesetzt, dass es in der richtigen Richtung war. Aber die Zeit fliegt; das Dienstmädchen hat es zwar nicht eilig; sie sieht sich die Volksmenge an und die Bilder an den Anschlagsäulen, aber sie rückt doch immer näher, und vergessen Sie nicht, dass es ist, als käme der langbeinige Galgen selbst durch die festlichen Straßen auf Sie losgeschritten! Soll ich Ihnen helfen, ich, der ich alles weiß? Soll ich Ihnen sagen, wo das Geld zu finden ist?«

»Um welchen Preis?«, fragte Markheim.

»Ich schenke Ihnen diesen Dienst als Weihnachtsgabe«, versetzte der andere.

Markheim musste lächeln, wie in bitterem Triumph. »Nein«, sagte er, »ich will nichts aus Ihren Händen; und wenn ich vor Durst stürbe und Ihre Hand hielte den Wasserkrug an meine Lippen, ich hätte dennoch den Mut, ihn zurückzuweisen. Vielleicht bin ich zu leichtgläubig, aber ich will nichts tun, um mich dem Bösen zu verschreiben.«

»O bitte, ich habe nichts gegen eine Reue auf dem Totenbett«, bemerkte der Besucher.

»Weil Sie an ihre Wirksamkeit nicht glauben«, rief Markheim.

»Das will ich nicht sagen«, erwiderte der andere; »aber ich betrachte diese Dinge von einer anderen Seite, und mit dem Leben erlischt auch mein Interesse. Der Mensch hat gelebt, um mir zu dienen, um unter der Flagge der

Religion Bosheit und Übelwollen zu verbreiten, oder um wie Sie, in einem Dasein voll willfähriger Schwäche gegenüber seinen Trieben, Unkraut ins Weizenfeld zu säen. Jetzt, da er sich dem Tor zur Freiheit nähert, vermag er seinen Dienst nur um die eine Tat noch zu bereichern – er bereut, stirbt lächelnd und baut in den furchtsameren unter meinen Anhängern Hoffnung und Zuversicht auf. Ich bin kein harter Herr. Versuchen Sie es mit mir. Nehmen Sie meine Hilfe an. Bedienen Sie sich im Leben, wie Sie es bisher getan haben; greifen Sie noch reichlicher zu, brauchen Sie Ihre Ellbogen an der Tafel; und wenn die Nacht sich niedersenken und der Vorhang fallen will, wird es Ihnen sogar ein Leichtes sein, sich mit Ihrem Gewissen zu versöhnen und mit Gott einen Frieden auf Gegenseitigkeit zu schließen. Dessen kann ich Sie zu Ihrem Trost versichern. Eben erst komme ich von solch einem Totenbett; das Zimmer war voll ehrlicher Leidtragender, die alle den letzten Worten des Mannes lauschten, und als ich in jene Augen blickte, die sich jeder mitleidigen Regung gegenüber zu Stahl verhärtet hatten, fand ich sie voll lächelnder Hoffnung.«

»Und halten Sie mich wirklich für ein solches Geschöpf?«, fragte Markheim. »Glauben Sie wirklich, ich kennte kein höheres Ziel, als zu sündigen, wieder zu sündigen und immerfort zu sündigen, um mich zuletzt durch die Hintertür in den Himmel zu schleichen? Mein Herz bäumt sich bei dem Gedanken. Sind das Ihre Erfahrungen

30

mit der Menschheit, oder setzen Sie eine solche Schlechtigkeit in mir voraus, weil meine Hände rot von Blut sind? Und ist dies Verbrechen des Mordes denn wirklich so ruchlos, dass es die Quelle des Guten selbst versiegen lässt?«

»Mord ist für mich keine besondere Kategorie«, versetzte der andere. »Alle Sünden sind Morde, so wie das ganze Leben ein Krieg ist. Ich sehe Ihresgleichen gleich hungernden Seeleuten auf einem Floß die Brotkrusten dem Hunger selbst aus den Händen reißen und einander gegenseitig verschlingen. Ich gehe der Sünde nach bis über den Moment ihrer Entstehung und sehe, dass ihre Folge überall der Tod ist. In meinen Augen trieft das hübsche Mädchen, das am Vorabend eines Balls mit gewinnendem Liebreiz die Mutter hintergeht, nicht weniger von Menschenblut als der eigentliche Mörder. Sagte ich, dass ich der Sünde nachgehe? Ich gehe auch der Tugend nach; sie unterscheiden sich voneinander nicht um Haaresbreite. Beide sind Sicheln in der Hand des Mähers Tod. Das Böse, für das ich lebe, wurzelt nicht im Handeln, sondern im Charakter. Ich liebe den schlechten Menschen, nicht die schlechte Tat, deren Früchte, könnten wir sie nur weit genug in ihrem Sturz hinab den sausenden Katarakt der Zeit verfolgen, vielleicht segensreicher befunden werden als die seltenste Tugendfrucht. Nicht weil Sie einen Händler getötet haben, sondern weil Sie Markheim sind, erbiete ich mich, Ihnen zur Flucht zu verhelfen.«

»Ich will Ihnen mein ganzes Herz zeigen«, war Markheims Antwort. »Dieses Verbrechen, über dem Sie mich ertappt haben, ist mein letztes. Auf dem Weg zu ihm habe ich viel gelernt, ja, die Tat selbst ist mir eine denkwürdige Lehre geworden. Bisher bin ich wider meinen Willen zu dem getrieben worden, was mir fernlag; ich war der gehetzte, gepeitschte Sklave der Armut. Es gibt robuste Tugenden, die diesen Versuchungen zu widerstehen vermögen; die meine war nicht so: Mich dürstete nach Genuss. Heute aber, aus dieser Tat, sammle ich sowohl gute Lehren wie Reichtümer, sowohl den erneuten Entschluss wie die Kraft, ich selbst zu sein. Ich werde in allen Dingen Herr meiner Handlungen; ich sehe mich bereits als einen ganz anderen; diese Hände sind Werkzeuge des Guten; Frieden wohnt in diesem Herzen. Etwas aus der Vergangenheit überkommt mich; etwas, von dem mir an Sabbatabenden träumte, wenn die Orgel erklang; Vorahnungen, die ich hatte, wenn ich über großen, reinen Büchern weinen musste oder als unschuldiges Kind mit meiner Mutter redete. Dort liegt mein Leben; ich bin einige Jahre in der Fremde umhergeirrt, jetzt aber sehe ich den Ort meiner Bestimmung wieder vor mir liegen.«

»Sie wollen dieses Geld, glaube ich, auf der Börse gebrauchen?«, bemerkte der Gast. »Dort haben Sie aber, soviel ich weiß, schon einige Tausende verloren?«

»Ah«, sagte Markheim, »diesmal ist es aber eine ganz sichere Sache.«

»Auch diesmal«, sagte der Gast sehr ruhig, »werden Sie verlieren.«

»Aber ich setze doch nur die Hälfte dran«, rief Markheim.

»Sie werden auch die andere Hälfte verlieren«, sagte der andere.

Auf Markheims Stirn brach der Schweiß aus. »Nun, und wenn dem so wäre«, rief er. »Wenn ich es verliere, wenn ich in die Armut zurückstürze, soll ein Teil meines Wesens, und zwar der schlimmere Teil, bis zuletzt das Gute in mir verdrängen? Gut und Böse sind stark in mir und reißen mich nach verschiedenen Seiten. Ich liebe nicht nur das eine, ich liebe alles. Ich kann von großen Taten träumen, von Verzicht und Märtyrertum, und obwohl ich mich zu diesem Verbrechen erniedrigt habe, ist Mitleid mir doch nicht fremd. Ich bemitleide die Armen; wer kennt ihre Nöte besser als ich? Ich bemitleide sie und helfe ihnen; ich schätze die Liebe, liebe ein ehrliches Lachen; es ist nichts Gutes und Wahres unter der Sonne, das ich nicht von ganzem Herzen liebe. Sollten denn meine Laster allein mein Leben bestimmen und meine Tugenden brach liegen wie toter Ballast des Gehirns? Niemals; auch das Gute ist eine Quelle zur Tat.«

Allein der Gast hob warnend den Finger.

»Sechsunddreißig Jahre lang haben Sie in dieser Welt gelebt«, sagte er, »durch wechselvolle Schicksale und Launen hindurch habe ich Sie ununterbrochen von

Stufe zu Stufe sinken sehen. Fünfzehn Jahre sind es her, dass Sie mit einem Diebstahl begonnen haben. Noch vor drei Jahren hätte das Wort Mord genügt, um Ihnen das Blut aus den Wangen zu treiben. Gibt es wirklich noch ein Verbrechen, eine Grausamkeit, eine gemeine Handlung, vor der Sie heute zurückschrecken? In fünf Jahren werde ich Sie auch darüber ertappen. Tiefer, immer tiefer führt Ihr Weg; und nichts außer dem Tod kann Sie aufhalten.«

»Wahr«, sagte Markheim heiser, »ich habe bis zum gewissen Grad dem Bösen nachgegeben. Aber so geht es allen, selbst die Heiligen werden durch die pure Tatsache, dass sie leben, weniger wählerisch und nehmen die Farbe ihrer Umgebung an.«

»Ich werde eine einzige schlichte Frage an Sie richten«, sagte der andere, »und aus Ihrer Antwort werde ich Ihnen Ihr moralisches Horoskop stellen. Sie sind in vielen Dingen laxer geworden; vielleicht mit Recht. Wenigstens machen es alle Menschen so. Aber das zugegeben, sind Sie in irgendeinem, wenn auch noch so geringfügigen Punkt sich selbst gegenüber strenger geworden, oder lassen Sie überall die Zügel schießen?«

»In irgendeinem Punkt?«, wiederholte Markheim in qualvoller Überlegung. »Nein«, fügte er verzweifelt hinzu, »nirgends! Überall bin ich bergab gegangen.«

»Dann«, sagte der Besucher, »dann begnügen Sie sich mit dem, was Sie sind; denn Sie werden sich niemals ändern; die Worte Ihrer Rolle auf dieser Bühne sind unwiderruflich niedergeschrieben.«

Markheim stand lange schweigend da; der Besucher war der Erste, die Pause zu unterbrechen. »Da dem so ist«, sagte er, »soll ich Ihnen das Geld zeigen?«

»Und die Gnade?«, rief Markheim.

»Haben Sie es mit der nicht auch schon versucht?«, entgegnete der andere. »Sah ich Sie nicht vor zwei, drei Jahren bei religiösen Versammlungen? Hat nicht Ihre Stimme in dem Choral am lautesten geklungen?«

»Wahr, wahr«, sagte Markheim; »ich sehe klar, wohin mich die Pflicht jetzt führt. Ich danke Ihnen aus tiefster Seele für die Lehren, die Sie mir gegeben haben. Sie haben mir die Augen geöffnet, endlich erkenne ich mich als den, der ich bin.«

In diesem Augenblick tönte der grelle Klang einer Türglocke durchs Haus, und der Besucher änderte wie auf ein verabredetes und erwartetes Zeichen sein Benehmen.

»Das Dienstmädchen!«, rief er. »Es ist zurückgekommen, wie ich Ihnen voraussagte; jetzt gilt es, nur noch eine einzige schwierige Handlung zu vollbringen. Sie müssen sagen, dass ihr Herr erkrankt sei; Sie müssen sie hereinlassen mit zuversichtlicher, aber ernster Miene. Nur ja kein Lächeln, keine Übertreibungen, und ich garantiere für den Erfolg! Sobald das Mädchen eingetreten und die Tür verschlossen ist, wird der gleiche behände Griff, mit dem Sie sich des Händlers entledigten, auch diese letzte

Gefahr aus dem Weg räumen. Dann bleibt Ihnen der ganze Abend, die ganze Nacht, wenn Sie wollen, um die Schätze dieses Hauses zu plündern und für Ihre Sicherheit zu sorgen. Es ist Hilfe, die sich Ihnen in der Maske der Gefahr nähert. Auf!«, rief er. »Auf, mein Freund! Ihr Leben hängt in der Waagschale: Auf zur Tat!«

Markheim blickte seinem Ratgeber fest ins Gesicht. »Bin ich auch verdammt, Böses zu tun«, sagte er, »so bleibt mir doch eine Tür zur Freiheit offen – ich kann mich jederzeit der Kraft des Handelns begeben. Ist mein Leben von Übel, so kann ich es doch niederlegen. Erliege ich auch, wie Sie sagen, der geringsten Versuchung, so kann ich doch in einen Bereich jenseits aller Versuchung fliehen. Meine Liebe zum Guten ist zur Unfruchtbarkeit verdammt; wohlan, es sei! Mir bleibt ja noch der Hass des Bösen, und aus ihm kann ich, das werden Sie zu Ihrer bitteren Enttäuschung sehen, Kraft und Mut schöpfen.«

Über die Züge des Besuchers ging eine wunderbare, lichte Verwandlung; sie verklärten sich und zerschmolzen in zärtlichem Triumph, und noch in diesem Glanz verblassten und schwanden sie vollständig dahin. Aber Markheim wartete nicht, um diese Metamorphose zu beobachten oder zu verstehen. Er öffnete die Tür und ging sehr langsam und in Gedanken versunken die Treppe hinab. Ernst und gemessen schritt seine Vergangenheit vor ihm her. Er sah sie, wie sie wirklich war, hässlich und quälend wie ein Traum, willkürlich und ungesetzlich wie ein Straßenkampf – eine einzige Niederlage. Das Leben, so wie er es jetzt sah, lockte ihn nicht mehr; am jenseitigen Ufer jedoch gewahrte er für sein Lebensschiff einen stillen Ankerplatz. Im Gang blieb er stehen und blickte in den Laden hinein, wo immer noch über der Leiche die Kerze brannte. Es war seltsam still. Gedanken an den Toten drangen im Schauen auf ihn ein. Und dann zerriss der ungeduldige Lärm der Glocke abermals das Schweigen.

Er trat dem Mädchen auf der Schwelle mit einer Art Lächeln entgegen.

»Sie tun gut daran, zur Polizei zu gehen«, sagte er, »ich habe Ihren Herrn ermordet.«

Catherine Louisa Pirkis

Der schwarze Koffer auf der Türschwelle

Aus dem Englischen von Alexandra Berlina

»Das ist schon eine große Sache«, sagte Loveday Brooke zu Ebenezer Dyer, dem Chef der bekannten Detektei in Lynch Court, Fleet Street. »Lady Cathrow hat Schmuck im Wert von 30 000 Pfund verloren, wenn man den Zeitungsberichten trauen kann.«

»Diesmal darf man das. Dieser Diebstahl unterscheidet sich in einigen Aspekten von den üblichen Landhauseinbrüchen. Er geschah natürlich während des Dinners, als die Familie und die Gäste zu Tisch saßen und die gerade unbeschäftigten Bediensteten sich in ihren eigenen Räumlichkeiten amüsierten. Zudem war es Heiligabend mit all der üblichen ablenkenden Geschäftigkeit. Eingebrochen wurde in diesem Fall jedoch nicht wie üblich mithilfe einer Leiter über das Ankleidezimmer, sondern durch das einzige Fenster einer kleinen Kammer im Erdgeschoss, die über zwei Türen verfügt – zum Flur und zu einem Durchgang, der über die Hintertreppe ins Schlafgemach führt. Diese Kammer wird meines Wissens von den Herren des Hauses als eine Art Hut- und Mantelgarderobe genutzt.«

»Ich nehme an, dies ist die Schwachstelle des Hauses?«

»In der Tat. Eine ausgesprochene Schwachstelle. Craigen Court, die Residenz von Sir George und Lady Cathrow, ist ein seltsam gebautes, verzweigtes altes Haus; da dieses Fenster auf eine Mauer hinausblickte, wurde es bunt verglast, mit einem starken Messingverschluss gesichert und weder bei Tag noch bei Nacht geöffnet. Die Belüftung erfolgt durch gläserne Lamellen in der oberen Fensterscheibe. Absurderweise war dieses Fenster doch tatsächlich weder mit Eisenstangen noch mit Fensterläden versehen, obschon es nur etwa einen Meter über dem Boden beginnt. In der Nacht des Einbruchs hat offenbar jemand im Haus absichtlich den einzigen Schutz, also den Messingverschluss, von innen gelöst und den Dieben so leichten Zugang zum Haus verschafft.«

»Ihr Verdacht richtet sich wohl auf die Dienerschaft?«

»Zweifellos, und genau hier werden Ihre Dienste benötigt. Die Diebe, wer auch immer sie waren, kannten sich im Haus bestens aus. Lady Cathrows Schmuck wurde in ihrem Ankleidezimmer aufbewahrt, das sich über dem Speisesaal befindet, und zwar in einem Tresor – *très d'or*, wie Sir George zu scherzen pflegt. Beachten Sie bitte das Wortspiel: Sir George ist ziemlich stolz darauf, auch wenn ich mir nicht ganz sicher bin, ob man auf Französisch ›zu viel des Goldes‹ tatsächlich so sagt ... Das Fenster im Speisesaal liegt jedenfalls direkt unter dem im Ankleidezimmer und ist per Anweisung des Hausherrn während des Dinners immer offen. Da somit die Außenterrasse strahlend beleuchtet ist, wäre es unmöglich gewesen, dort unbeobachtet eine Leiter aufzustellen.«

»Wie ich den Zeitungen entnehme, gab Sir George an Heiligabend immer ein großes Dinner mit vielen Gästen?«

»Jawohl. Sir George und Lady Cathrow sind nicht mehr jung, haben keine Familie und nur wenige Verwandte, damit also viel Zeit für ihre Freunde.«

»Ich nehme an, den Tresorschlüssel bewahrte meist Lady Cathrows Dienstmädchen?«

»So ist es. Eine junge Französin, Stéphanie Delcroix. Zu ihren Pflichten gehörte es, nach der Toilette Lady Cathrows im Ankleidezimmer für Ordnung zu sorgen, zurückgelassenen Schmuck wegzuräumen, den Tresor zu schließen und den Schlüssel aufzubewahren, bis Lady Cathrow zu Bett ging. Nach eigener Auskunft ist Mademoiselle Delcroix in der Nacht des Einbruchs nicht unmittelbar ihren Pflichten nachgegangen, sondern zu der Haushälterin hinuntergelaufen, um zu fragen, ob Briefe für sie gekommen waren; dort habe sie noch eine Weile – wie lange, wisse sie nicht mehr – mit anderen Bediensteten geplaudert. Die Briefe aus ihrer Heimatstadt St. Omer kamen tatsächlich in der Regel mit der Halb-Acht-Post.«

»Dann lief sie um diese Zeit wohl jeden Tag hinunter, um sich nach Briefen zu erkundigen? Wenn die Diebe das Haus gut kannten, müssten sie auch das wissen.«

»So könnte man es auch sehen, aber im Moment spricht nun einmal alles gegen dieses Mädchen. Auch ihr Verhalten bei der Befragung hat den Verdacht nicht gerade zerstreut: Sie wurde immer wieder hysterisch, widersprach sich andauernd, schob es auf ihre Unkenntnis unserer Sprache, ratterte daraufhin mit viel theatralischem Getue auf Französisch los, und verfiel am Ende wieder in Hysterie.«

»Also recht normales Verhalten für eine Französin«, resümierte Loveday. »Scotland Yard findet es bestimmt besonders wichtig, dass der Tresor in dieser Nacht nicht verschlossen wurde?«

»Ja, und sie betreiben eifrig Nachforschungen über junge Männer, die dem Mädchen den Hof machen. Sie haben Bates ins Dorf abkommandiert, damit er sich dort so gut wie möglich informiert. Aber sie wollen auch, dass jemand im Haus mit den Bediensteten plaudert und herausfindet, ob sie etwas über eine mögliche Liebelei wissen. Sie fragten mich also nach meiner gewieftesten und klarsichtigsten Detektivin, und ich für meinen Teil habe nach Ihnen geschickt – Sie können dies gern als Kompliment auffassen, Miss Brooke. Holen Sie jetzt bitte Ihr Notizbuch heraus, ich gebe Ihnen den Marschbefehl.«

Loveday Brooke war zu diesem Zeitpunkt ihrer Karriere etwas über dreißig Jahre alt und ließ sich am besten mit einer Reihe von Verneinungen beschreiben.

Sie war weder groß noch klein, weder blond noch brünett, weder schön noch hässlich. Ihr einziges auffälliges Merkmal war die Angewohnheit, gedankenvertieft ihre Lider zu senken, bis nur noch ein dünner Strich vom Augapfel zu sehen war. Wenn die Augen Fenster sind, so betrachtete sie in diesen Momenten die Welt durch die schmalsten Lüftungsklappen.

Stets trug sie schlichte schwarze ordentliche Kleidung, fast wie eine Quäkerin.

Fünf oder sechs Jahre zuvor hatte das Rad der Fortuna diese Frau ohne Mittel und nahezu ohne Freunde in die Welt hinausgeworfen. Als sie feststellen musste, dass sie auf dem Heiratsmarkt keinen Wert besaß, setzte sie sich über die Konventionen hinweg und entschied sich für eine Karriere, die sie ein für alle Mal von ihrem früheren Umgang und ihrer früheren gesellschaftlichen Position abschnitt. Jahrelang schuftete sie geduldig in den niederen Sphären dieses Berufs, bis sie dank Zufall, oder vielmehr dank einem komplizierten Kriminalfall, den erfahrenen Inhaber einer florierenden Detektei in Lynch Court kennenlernte. Dieser sah sogleich, aus welchem Holz sie geschnitzt war, und verschaffte ihr bessere Aufträge – Aufträge, die sowohl ihm als auch Loveday mehr Geld einbrachten und ihre Reputationen förderten.

Ebenezer Dyer war kein enthusiastischer Mensch, und

doch schwärmte er gelegentlich von Miss Brookes Qualifikationen für ihren erwählten Beruf.

»Zu sehr Dame dafür, meinen Sie?«, sagte er zu jedem, der diese Qualifikationen in Frage zu stellen wagte. »Ich schere mich keinen Deut, ob sie eine Dame ist! Ich weiß nur eins: Sie ist die vernünftigste und praktischste Frau, die ich kenne. Erstens verfügt sie über die bei dem schönen Geschlecht so seltene Fähigkeit, Anweisungen buchstabengetreu auszuführen; zweitens kann sie klar und scharf denken, ohne dass irgendwelche starren Theorien sie dabei hindern; drittens, und das ist das Wichtigste, besitzt sie so viel gesunden Menschenverstand, dass es an Genialität grenzt – jawohl, Sir, Genialität!«

Doch obwohl Loveday und ihr Chef in der Regel unkompliziert und freundschaftlich zusammenarbeiteten, wurde gelegentlich doch gemurrt und sogar geknurrt.

Wie jetzt gerade.

Loveday war nämlich keinesfalls bereit, ihr Notizbuch herauszuholen und ihren »Marschbefehl« aufzuschreiben.

»Ich möchte wissen«, sagte sie stattdessen, »ob es stimmt, was ich in der Zeitung las – dass einer der Diebe sich die Mühe gemacht hat, die Tresortür zu schließen und mit Kreide darauf zu schreiben: ›Zu vermieten, unmöbliert‹?«

»Völlig richtig, aber das wird nicht weiter von Bedeutung sein. Diese Schurken erlauben sich des Öfteren irgendeine Frechheit oder Angeberei. Neulich, bei dem Einbruch in Reigate, nahmen die Diebe zum Beispiel ein Blatt Briefpapier aus dem Stehpult der Dame und schrieben ihr eine Danknotiz dafür, dass sie freundlicherweise das Tresorschloss nicht hatte reparieren lassen. Wie dem auch sei, wenn Sie jetzt Ihr Notizbuch herausholen würden …«

»Nicht so hastig«, sagte Loveday ruhig. »Ich möchte wissen, ob Sie das hier gesehen haben?« Sie holte einen Zeitungsausschnitt aus ihrer Briefmappe, lehnte sich über den Schreibtisch und überreichte ihrem Chef den Ausschnitt.

Mr Dyer war ein hochgewachsener, kräftiger Mann mit großem Kopf, wohlwollend wirkender Stirnglatze und freundlichem Lächeln. Dieses Lächeln führte Unvorsichtige jedoch oft in die Irre, denn Mr Dyers Temperament war derart hitzig, dass schon ein Kind ihn mit dem falschen Wort aus der Fassung bringen konnte.

Als er den Ausschnitt aus Lovedays Hand nahm, war das freundliche Lächeln verschwunden.

»Ich möchte Sie daran erinnern, Miss Brooke«, sagte er streng, »dass ich, obschon ich meine Geschäfte zügig abzuwickeln pflege, niemals hastig bin, ja Hast als ein Symptom schlampiger und nachlässiger Arbeit verachte.«

Dann, wie um ihren Worten auch mit der Geste zu widersprechen, entfaltete er mit Bedacht den Ausschnitt und las langsam, unter gewichtiger Betonung jedes Wortes und jeder Silbe, Folgendes vor:

Einzigartige Entdeckung

Ein schwarzer Schrankkoffer aus Leder wurde gestern früh von einem Zeitungsjungen auf der Türschwelle eines Hauses zwischen Easterbrook und Wreford gefunden. Das Haus gehört einer älteren Dame. Der Inhalt des Koffers umfasst einen Kollar und eine Krawatte, ein Buch mit Gebeten und eins mit Predigten, ein Exemplar der Werke Virgils, ein Faksimile der Magna Charta mit von Hand eingefügten Übersetzungen, ein Paar schwarze Lederhandschuhe, eine Bürste und einen Kamm, einige Zeitungen sowie mehrere Gegenstände, die einem Geistlichen zu gehören scheinen. Auf dem Koffer lag der folgende außergewöhnliche Brief, in Bleistift verfasst:

›Es naht der fatale Moment. Ich kann nicht länger existieren. Ich gehe fort, um nimmermehr erblickt zu werden. Doch sollen die Gerichtsmediziner und die Geschworenen wissen, dass ich geistig gesund bin, und dass ein Urteil vorübergehender Unzurechnungsfähigkeit nach dem, was ich nun zu gestehen habe, äußerst ungerecht wäre. *Felo de se* und weitere juristische Vorgehensweisen gegen einen, welcher sich das Leben genommen, kümmern mich nicht weiter, denn bald schon wird alles Leiden hinter mir liegen. Durchsuchet die Gegend nach meinem armen leblosen Leib; suchet emsig – auf der kalten Heide, auf den Gleisen oder im Fluss bei der Brücke: Ich will mich im Augenblicke erst entscheiden, wie ich diese Welt verlasse. Hätte ich den Pfad des Lichtes eingeschlagen, wäre ich vielleicht ein Mann von Bedeutung in der Kirche geworden, deren unwürdigster Priester ich heute bin – doch die verdammenswerte Sünde des Glücksspiels hat mich gepackt und ruiniert, wie sie Tausende vor mir ruiniert hatte. O Jüngling, meide den Buchmacher und die Rennbahn wie den Teufel und die Hölle selbst! Lebt wohl, Anbeter Magdalenes. Lebt wohl, und seid gewarnt. Ich, Sohn einer Adligen, Verwandter eines Herzogs, eines Marquis und eines Bischofs, bin nun Landstreicher, ausgestoßen und verachtet, wahrhaftig und in der Tat. Süßer Tod, ich grüße dich! Ich wage es nicht, meinen Namen zu nennen. Lebt wohl, alle und jeder. O Marquise, darf ich Ihrer mütterlichen Wange den letzten Kuss entbieten, bevor ich mich in den Tod stürze? R. I. P.‹

Die Polizei und einige Bahnbeamte haben den Bereich rund um den Bahnhof wie gebeten emsig abgesucht, ohne einen ›armen leblosen Leib‹ zu finden. Die Behörden neigen zu der Annahme, dass es sich bei dem Brief um einen Streich handelt, doch wird die Angelegenheit noch weiter untersucht.

Genauso bedächtig, wie er den Ausschnitt geöffnet und gelesen hatte, faltete Mr Dyer ihn zusammen und gab ihn Loveday zurück.

»Darf ich fragen«, erkundigte er sich sarkastisch, »was an diesem dummen Streich Sie dazu veranlasst, Ihre und meine wertvolle Zeit zu verschwenden?«

»Ich wollte wissen«, erklärte Loveday ebenso entspannt wie zuvor, »ob Sie darin etwas finden, das sich irgendwie mit dem Einbruch in Craigen Court in Verbindung bringen ließe?«

Mr Dyer starrte sie in blankem Erstaunen an.

»Als Kind«, erwiderte er schließlich, »mochte ich ein Spiel namens ›Gedanken raten‹. Ein Spieler musste an irgendeinen Unsinn denken – sagen wir, an ein Denkmal; jemand anderes riet beispielsweise ›die Spitze deines linken Stiefels!‹, woraufhin der Unglückliche eine logische Verbindung zwischen diesen beiden Objekten herstellen musste. Miss Brooke, es ist weder in meinem noch in Ihrem Interesse, den heutigen Abend diesem dummen Spiel zu widmen.«

»Nun gut«, sagte Loveday ruhig, »ich dachte, Sie möchten vielleicht darüber reden, das war alles. Geben Sie mir meinen ›Marschbefehl‹, wie Sie es zu formulieren belieben, und ich werde mich nach Kräften mit dem französischen Zimmermädchen und ihrer Schar von Kavalieren befassen.«

Mr Dyers Lächeln kehrte zurück.

»Eben, eben! Genau darauf sollten Sie sich konzentrieren«, sagte er. »Am besten, Sie nehmen morgen früh den ersten Zug nach Craigen Court – es sind etwa sechzig Meilen auf der Great Eastern Line bis zum Bahnhof in Huxwell. Dort wird ein Stallknecht des Hauses Sie abholen und zum Anwesen bringen. Ich habe die dortige Haushälterin, Mrs Williams – eine sehr ehrenwerte und diskrete Person –, gebeten, Sie für ihre Nichte auszugeben, die sich nach harten Prüfungen als angehende Internatslehrerin bei ihrer Tante erholen will. Die Überanstrengung habe Sie gesundheitlich mitgenommen, unter anderem an den Augen, sodass Sie eine Erklärung für Ihre blaue Brille haben. Sie heißen Jane Smith; schreiben Sie sich den Namen besser auf. Ihre Erkundungen sollen ausschließlich den Bediensteten des Hauses gelten; mit Sir George und Lady Cathrow müssen Sie nicht reden. Tatsächlich haben wir sie nicht über Ihren geplanten Besuch informiert: Je weniger Menschen involviert sind, umso besser. Ich bezweifle jedoch nicht, dass Bates von Scotland Yard von Ihrer Ankunft erfahren und Sie treffen wollen wird.«

»Hat Bates etwas Relevantes ans Licht gebracht?«

»Bis jetzt nicht. Er hat einen Kavalier des Mädchens identifiziert, einen jungen Landwirt namens Holt, aber es scheint ein ehrlicher, respektabler junger Mann zu sein, über jeden Verdacht erhaben, also bringt diese Entdeckung nicht viel.«

»Ich habe keine weiteren Fragen«, sagte Loveday, erhob sich und nahm Abschied. »Falls nötig, werde ich natürlich telegrafieren, in unserem üblichen Code.«

Der erste Zug, der am nächsten Morgen von Bishopsgate nach Huxwell abfuhr, zählte unter seinen Passagieren Loveday Brooke, gekleidet in adrettes Schwarz, wie es sich auch für Bedienstete der Oberschicht gehört. Der einzige Lesestoff, mit dem sie sich gegen die Langeweile der Reise gewappnet hatte, war ein kleines, in Pappkarton gebundenes Büchlein mit dem Titel *Des Rezitators Wunderhorn.* Zum bescheidenen Preis von einem Schilling erworben, schien es speziell auf drittklassige Vortrageveranstaltungen zugeschnitten zu sein.

Während der ersten Hälfte ihrer Reise schien Miss Brooke ganz in ihr Büchlein vertieft. Während der zweiten Hälfte lehnte sie sich reglos und mit geschlossenen Augen zurück, als ob im Schlaf oder tief in Gedanken versunken.

Erst als der Zug in Huxwell hielt, öffnete sie die Augen und warf ihren Mantel über.

Es war ein Leichtes, den adretten Stallburschen von Craigen Court unter den Landeiern auf dem Bahnsteig auszumachen. Gleichzeitig fiel ihr aber auch jemand anderes auf – Bates von Scotland Yard, wie ein Handelsreisender aufgemacht, komplett mit der klassischen Tasche eines solchen. Er war ein kleiner, drahtiger Mann mit rotem Haar, rotem Schnurrbart und einem eifrigen, hungrigen Gesicht.

»Ich bin halb erfroren«, sagte Loveday zu dem Stallknecht. »Wenn Sie sich freundlicherweise um meinen

Koffer kümmern könnten, würde ich lieber zu Fuß zum Anwesen spazieren, um meinen Kreislauf anzuregen.«

Der junge Mann erklärte ihr den Weg und fuhr mit ihrem Koffer davon, sodass sie Mr Bates' offensichtlichem Wunsch nach einem vertraulichen Gespräch bei einem Spaziergang auf der Landstraße nachkommen konnte.

Bates schien an diesem Morgen ausgesprochen gut gelaunt.

»Der Fall ist ganz simpel, Miss Brooke«, sagte er, »das reinste Kinderspiel, vor allem jetzt, da Sie sich im Haus umschauen und ich draußen grabe. Bisher gab es keinerlei Schwierigkeiten. Wenn das Mädchen nicht in einer Woche im Gefängnis sitzt, heiße ich nicht Jeremiah Bates!«

»Sie meinen das französische Dienstmädchen?«

»Aber ja, natürlich. Es bestehen doch kaum Zweifel daran, dass sie beide Angelegenheiten erledigt hatte – den Tresor aufgeschlossen, und das Fenster auch. Sie müssen wissen, Miss Brooke, mein Gedankengang war wie folgt: Alle Mädchen haben Kavaliere, sage ich zu mir, aber eine Schönheit wie diese kleine Französin hat sicherlich doppelt so viele. Und je mehr junge Männer einem Mädchen den Hof machen, desto größer ist natürlich auch die Wahrscheinlichkeit, dass sich unter ihnen ein Verbrecher befindet. Das ist doch glasklar, nicht wahr?«

»Vollkommen klar.«

Sichtlich ermutigt sprach Bates weiter.

»Nun, mit der gleichen Logik sage ich dann zu mir: Dieses Mädchen ist ja nur ein hübsches, dummes Ding und keine erfahrene Verbrecherin, sonst hätte sie nicht zugegeben, die Tresortür offen gelassen zu haben – also wird sie sich schon selbst den Strick drehen. Wenn wir sie jetzt in Ruhe lassen, brennt sie in ein, zwei Tagen mit dem Burschen durch, der sie zu dem Abenteuer angestiftet hatte. Dann erwischen wir die beiden irgendwo auf dem Weg zum Ärmelkanal und finden vielleicht auch heraus, ob sie weitere Komplizen haben. Das wäre doch nicht schlecht, was, Miss Brooke?«

»Zweifelsohne. Wer fährt denn da so zügig daher?«

Diese Frage stellte sie, nachdem sie ein Räderrattern hinter ihnen vernommen und sich umgedreht hatte.

Bates folgte ihrem Blick. »Oh, das ist der junge Holt; sein Vater hat einen Bauernhof ein paar Meilen von hier. Er ist einer von Stephanies Kavalieren, und wohl der Beste von allen. Aber er scheint nicht ihr Favorit zu sein; nach dem, was ich so höre, hat jemand anders heimlich das Rennen gemacht. Man erzählt, die junge Frau zeigt Holt seit dem Einbruch die kalte Schulter.«

Der junge Mann bremste seinen Buggy neben ihnen ab, und Loveday konnte nicht umhin, seinen offenen, ehrlichen Gesichtsausdruck zu bewundern.

»Ich hätte noch für einen Menschen Platz – soll ich Sie vielleicht mitnehmen?«, bot er an.

Zur unsäglichen Empörung von Bates, der mit einem mindestens einstündigen vertraulichen Gespräch gerechnet hatte, nahm Miss Brooke das Angebot des jungen Landwirts an und stieg in den Buggy.

Während sie zügig die Landstraße entlangfuhren, erklärte Loveday, sie wolle nach Craigen Court; da sie sich in der Gegend nicht auskenne, müsse sie darauf vertrauen, irgendwo in der Nähe abgesetzt zu werden.

Bei der Erwähnung von Craigen Court verdüsterte sich das Gesicht des Mannes.

»Dort ist ein Unglück geschehen – und auch andere wurden ins Unglück gestürzt«, sagte er beinahe verdrossen.

»Ich weiß«, antwortete Loveday mitfühlend, »das ist leider keine Seltenheit. Wenn so etwas passiert, fällt der Verdacht oft auf völlig unschuldige Menschen.«

»Genau! Genauso ist es!«, rief er aufgeregt. »Im Haus hören Sie bestimmt die schlimmsten Dinge – alle, aber auch alle sind gegen sie! Aber sie ist unschuldig. Ich schwöre Ihnen, sie ist so unschuldig wie Sie und ich!«

Seine Stimme ertönte über dem Getrappel der Hufe. Er schien nicht zu merken, dass er keinen Namen genannt hatte und dass Loveday als Fremde vielleicht nicht einmal wusste, um wen es ging.

»Weiß der Himmel, wer es wirklich war«, fuhr er nach einer kurzen Pause fort. »Es steht mir nicht zu, jemanden

52

in diesem Haus schlechtzureden. Aber eins sage ich: Sie ist unschuldig, darauf verwette ich mein Leben!«

»Sie hat Glück, jemanden zu haben, der so an sie glaubt und ihr vertraut«, sagte Loveday mit noch mehr Mitgefühl.

»Meinen Sie? Ich wünschte, sie würde ihr Glück mehr schätzen!«, erwiderte er verbittert. »Die meisten Mädchen in ihrer Lage wären wohl froh, wenn ein Mann ihnen durch dick und dünn zur Seite stehen wollte. Aber nicht sie! Seit dem Einbruch weigert sie sich, mich zu sehen – antwortet nicht auf meine Briefe – schickt mir nicht mal die kleinste Nachricht! O Gott, ich würde sie morgen heiraten, wenn sie mich ließe, und dann soll man es wagen, schlecht von ihr zu sprechen!«

Er trieb sein Pony an; sie rasten an den Hecken vorbei, und eh Loveday sich's versah, hatte er die Zügel angezogen und half ihr, am Dienereingang von Craigen Court abzusteigen.

»Würden Sie ihr sagen, was ich Ihnen gesagt habe, falls sich die Gelegenheit ergibt?«, bat er, bevor er wieder in den Buggy stieg. »Wenn sie mich auch nur für fünf Minuten sehen würde!« Loveday dankte dem jungen Mann für die Fahrt und versprach, dem Mädchen seine Nachricht zu überbringen.

Mrs Williams empfing Loveday im Speisesaal der Dienerschaft und führte sie dann auf ihr Zimmer, um sie den Mantel ablegen zu lassen. Sie war die Witwe eines Londoner Kaufmanns und somit in Sprache und Auftreten eleganter als die durchschnittliche Haushälterin.

Sie war eine freundliche, liebenswürdige Frau und unterhielt sich bereitwillig mit Loveday. Tee wurde serviert, beide fühlten sich sichtlich wohl miteinander. Im Laufe des angenehmen Gesprächs entlockte Loveday ihr den gesamten Tagesablauf vor und nach dem Einbruch, die Anzahl und die Namen der Gäste und einige andere scheinbar unbedeutende Details.

Mrs Williams machte keinen Hehl aus der schmerzlichen Lage, in der sie und alle anderen Bediensteten des Hauses sich befanden.

»Niemand kann mehr ungezwungen mit den anderen reden«, sagte sie, während sie Loveday heißen Tee einschenkte und das lodernde Feuer schürte. »Jede und jeder glaubt, von den anderen verdächtigt zu werden; alle fragen sich, ob vergangene Worte und Taten irgendwie als belastend gedeutet werden. Als würde eine Gewitterwolke über dem ganzen Haus hängen – und das zur Weihnachtszeit, wenn wir hier sonst so fröhlich sind!« Trübselig blickte sie zu dem großen Strauß aus Mistel und Stechpalmenzweigen an der Decke.

»Hier unten geht es an Weihnachten auch lustig zu, nicht wahr?«, fragte Loveday. »Die Angestellten haben wohl ihren eigenen Ball, vielleicht sogar Laientheater?«

»Oh ja! Wenn ich daran denke, wie wunderbar wir uns letztes Jahr zu dieser Zeit vergnügten, kann ich kaum glauben, noch in demselben Haus zu sein. Unser Ball kommt immer gleich nach dem Ball der Herrschaften; wir dürfen Freunde einladen und so lange feiern, wie wir nur wünschen. Wir beginnen den Abend mit einem Konzert und Rezitation, dann gibt es ein Abendessen und danach tanzen wir bis zum Morgengrauen. Aber dieses Jahr ...«

Sie brach ab und schüttelte mit viel Ausdruck den Kopf.

»Sie haben bestimmt Freunde, die vorzüglich musizieren oder rezitieren?«

»Wirklich vorzüglich! Sir George und Lady Cathrow kommen zu Beginn des Abends immer selbst hinunter – Sie hätten sehen sollen, wie Sir George letztes Jahr gelacht hatte, als Harry Emmett in Häftlingsrobe und mit einem Bündel Werg in der Hand ›Den noblen Sträfling‹ rezitierte! Sir George sagte, der junge Mann könnte als Schauspieler ein Vermögen machen!«

»Nur eine halbe, bitte.« Loveday hielt ihre Tasse hin. »Wer war dieser Harry Emmett denn, der Liebste eines Dienstmädchens?«

»Ach, er hat mit allen geflirtet, war aber mit keiner liiert. Harry war Lakai von Colonel James, einem guten Freund Sir Georges – er kam sehr oft zu uns mit Nachrichten von seinem Herrn. Sein Vater ist Droschkenkutscher in London, glaube ich, und Harry hatte eine Zeit lang den gleichen Beruf. Dann setzte er sich in den Kopf, der Diener eines Gentlemans zu werden, und schaffte es auch mit Bravour. Ein gut aussehender junger Mann,

und dazu so aufgeweckt und lustig, dass ihn jedermann mochte! Aber was plage ich Sie mit meinem Gerede – Sie wollen natürlich über etwas ganz anderes sprechen …«
Und wieder seufzte die Haushälterin bei dem Gedanken an das furchtbare Verbrechen.

»Ganz und gar nicht, ich finde Sie alle hier und Ihre Festivitäten sehr spannend! Ist Emmett noch in der Gegend? Ich würde ihn so gern selbst einmal vortragen hören!«

»Leider hat er Colonel James vor etwa sechs Monaten verlassen. Wir alle haben ihn anfangs sehr vermisst. So ein gutherziger junger Mann! Ich weiß noch, er hat mir erzählt, er gibt den Dienst auf, um sich um seine liebe alte Großmutter zu kümmern, die einen Bonbonladen führt. Ich weiß nur nicht mehr, wo …«

Loveday lehnte sich in ihrem Stuhl zurück und schloss die Augen bis auf die schmalsten Schlitze.

Dann wechselte sie plötzlich und unvermittelt das Thema.

»Wann könnte ich Lady Cathrows Ankleidezimmer sehen?«, fragte sie.

Mrs Williams schaute auf ihre Uhr. »Am besten jetzt sofort. Es ist Viertel vor fünf; später wäre es ungünstig: Vor dem Abendessen pflegt Lady Cathrow sich manchmal ein halbes Stündchen auszuruhen.«

»Darf sich Stephanie immer noch um Lady Cathrow kümmern?«, fragte Miss Brooke, während sie der Haushälterin die Hintertreppe hinauf folgte.

»Ja, Sir und Lady sind in dieser schwierigen Zeit die Güte selbst. Sie sagen, für sie sind wir alle unschuldig, bis die Schuld bewiesen ist, und alle unsere Pflichten bleiben unverändert.«

»Aber Stephanie ist wohl gerade kaum in der Lage, die ihrigen zu erfüllen, nicht wahr?«

»Allerdings. In den ersten zwei, drei Tagen nach dem Gespräch mit den Detektiven war sie fast von morgens bis abends hysterisch; jetzt ist sie mürrisch, isst nichts und spricht kein Wort, wenn sie nicht unbedingt muss ... Da wären wir, dies ist Lady Cathrows Ankleidezimmer; bitte treten Sie ein.«

Loveday betrat einen großen, luxuriös eingerichteten Raum und ging natürlich direkt auf den wichtigsten Gegenstand zu: Der eiserne Tresor war in die Wand eingelassen, die das Ankleidezimmer vom Schlafgemach trennte.

Es war ein gewöhnlicher Tresor mit starkem Schloss und dicker Eisentür. Über dieser Tür stand in großen, kühnen Buchstaben mit Kreide geschrieben: »Zu vermieten, unmöbliert.«

Loveday verbrachte etwa fünf Minuten vor dem Tresor, ganz auf die schwungvolle Aufschrift konzentriert.

Dann nahm sie einen schmalen Streifen Pauspapier aus ihrer Handtasche und verglich die Schrift darauf Buchstabe für Buchstabe mit der auf der Tresortür. Sobald dies erledigt war, wandte sie sich an Mrs Williams und erklärte sich bereit, ihr in die kleine Kammer zu folgen.

Die Haushälterin war sichtlich überrascht, und ihre Meinung über Miss Brookes berufliche Fähigkeiten erheblich geschmälert.

»Die Herren Detektive«, sagte sie, »haben über eine Stunde in diesem Zimmer verbracht; sie sind hier auf und ab gegangen, haben die Kerzen gemessen, sind –«

»Mrs Williams«, unterbrach Loveday, »ich bin jetzt bereit, mir den unteren Raum anzusehen.« Auf einmal wirkte sie überhaupt nicht mehr gesprächig, sondern nur an ihrer Arbeit interessiert.

Ohne ein weiteres Wort brachte Mrs Williams sie zu der Kammer, die sich als Schwachstelle des Hauses erwiesen hatte.

Sie betraten diese über den Gang, dessen anderes Ende zur Hintertreppe führte. Loveday fand das Kämmerlein genau so vor, wie Mr Dyer es beschrieben hatte. Ein Blick auf das Fenster genügte, um festzustellen, wie leicht man es von außen öffnen und sich in den Raum schwingen konnte, sobald der Messingverschluss gelöst war.

Auch hier verschwendete Loveday keine Zeit. Zu Mrs Williams' Überraschung und Enttäuschung durchquerte sie einfach den Raum und ging durch die gegenüberliegende Tür in die große Halle.

Erst hier hielt sie inne und stellte eine Frage: »Steht dieser Stuhl immer genau so?«

Sie deutete auf einen Eichenstuhl direkt vor der kleinen Kammer.

Die Haushälterin bejahte die Frage: Es war eine warme Ecke, und Lady Cathrow legte Wert darauf, dass Boten und ähnliche Besucher einen bequemen Platz zum Warten hatten.

»Ich würde mich freuen, wenn Sie mich jetzt auf mein Zimmer führten«, sagte Loveday etwas abrupt. »Und könnten Sie mir liebenswürdigerweise das Handelsadressbuch der Grafschaft bringen lassen, falls Sie so etwas im Haus haben?«

Mit beleidigter Miene führte Mrs Williams sie zurück zu den Schlafzimmern. Die ehrenwerte Haushälterin fühlte sich durch das mangelnde Interesse, das Miss Brooke an den in dem Verbrechen involvierten Räumen gezeigt hatte, in ihrer Würde verletzt.

»Brauchen Sie Hilfe beim Auspacken? Ich könnte ein Zimmermädchen hochschicken«, fragte sie etwas steif an der Tür.

»Nein, danke, ich werde nicht viel auspacken müssen. Morgen früh nehme ich den ersten Zug zurück.«

»Morgen früh! Aber ich habe allen gesagt, dass Sie mindestens zwei Wochen bleiben!«

»Dann sagen Sie doch bitte, dass ich plötzlich per Telegramm nach Hause gerufen wurde. Ich bin mir sicher, Ihnen wird etwas einfallen! Aber bitte erst nach dem Abendessen. Ich würde gern mit Ihnen und den anderen speisen. Ich nehme an, dann werde ich auch Stephanie sehen?«

Die Haushälterin bejahte die Frage und ging ihres Weges, perplex über die seltsamen Manieren der Dame, die sie anfangs für so nett, angenehm und umgänglich gehalten hatte.

Als sich aber die Bediensteten des höheren Ranges zum Abendessen – der angenehmsten Mahlzeit des Tages – versammelten, erwartete sie eine große Überraschung.

Stephanie nahm nicht ihren üblichen Platz bei Tisch ein. Einer der Diener ging auf ihr Zimmer, um sie zu rufen und kehrte mir der Nachricht zurück, dass dieses leer und Stephanie nirgends zu finden sei.

Darauf betraten Loveday und Mrs Williams gemeinsam das Zimmer des Mädchens. Es sah wie immer aus; an Stephanies Sachen fehlten nur Hut und Mantel.

Auf Nachfrage stellte sich heraus, dass Stephanie wie üblich Lady Cathrow vor dem Abendessen beim Ankleiden geholfen hatte; danach aber war ihr keine Menschenseele im Haus begegnet.

Mrs Williams hielt die Angelegenheit für wichtig genug, sie sogleich den Herrschaften mitzuteilen, und Sir George schickte seinerseits umgehend einen Boten ins King's Head nach Mr Bates, um ihn zur Beratung einzuladen.

Loveday ließ unterdessen dem jungen Holt auf seinem

Bauernhof einen Brief zukommen, in dem sie ihm über das Verschwinden des Mädchens berichtete.

Nach einem kurzen Gespräch verließ Mr Bates strahlend Sir Georges Arbeitszimmer. Offenbar legte er Wert darauf, anschließend Loveday zu sehen – er sandte ihr nämlich eine Notiz mit der Bitte, ihn draußen in der Einfahrt kurz zu sprechen.

Loveday setzte ihren Hut auf und ging hinaus. Da stand Mr Bates und grinste wie ein Honigkuchenpferd.

»Hab ich's Ihnen doch gesagt! Hab's gleich gesagt! Nicht wahr, Miss Brooke?«, rief er. »Wir werden sie noch vor dem Morgengrauen finden, keine Sorge. Ich bin bestens vorbereitet. Ich wusste ja die ganze Zeit, was sie vorhatte. Auch das habe ich mir gleich gedacht: Wenn sie durchbrennt, dann bestimmt unmittelbar nachdem sie die Lady zum Abendessen fertiggemacht hat – da hat sie erst mal zwei Stunden für sich, und man merkt nicht gleich, dass sie weg ist, so kann sie ganz leicht den Zug von Huxwell nach Wreford nehmen. Tja, nach Wreford kommt sie auch tatsächlich, aber von da an behalten wir sie stets im Auge. Erst gestern habe ich dort einen Mann hingeschickt, der sehr gut in diesen Sachen ist, und ihm genaue Anweisungen gegeben – er wird schon ihr Liebesnest finden! … wie bitte, das Mädchen hat nichts mitgenommen? Was macht das schon! Sie denkt ja bestimmt, ihr Komplize erwartet sie mit offenen Armen und offenem Portemonnaie. Haha! Nun, statt in ihrem Nest wird sie direkt in der Falle landen, und ihr Freundchen gleich mit. Innerhalb von achtundvierzig Stunden erwischen wir alle beide, oder ich heiße nicht Jeremiah Bates!«

»Und was haben Sie jetzt vor?«, fragte Loveday, als der Mann seine lange Rede beendet hatte.

»Na was wohl! Jetzt muss ich erst mal zurück ins King's Head und ein Telegramm von dem Kollegen in Wreford abwarten. Sobald er sie sieht, soll er mir telegrafieren, wo wir uns treffen. Da Huxwell so abgelegen ist und der einzige Zug zwischen 7.30 und 10.15 Uhr abends nach Wreford fährt, sind wir uns sicher: Genau da will das Mädchen hin. In dieser Hinsicht bin ich ganz beruhigt.«

»Wirklich?«, antwortete Loveday ernsthaft. »Ich kann mir ein anderes Ziel vorstellen – den Fluss im Wald, an dem wir heute Morgen vorbeigefahren sind. Gute Nacht, Mr Bates, hier draußen ist es kalt. Sobald Sie Neuigkeiten haben, werden Sie diese natürlich an Sir George weiterleiten.«

Das ganze Haus blieb bis in die Nacht wach, es kam aber keine Nachricht über Stephanie. Mr Bates hatte Sir George gebeten, das Verschwinden möglichst geheim zu halten – zu viel Aufhebens könnte die Ohren der jungen Frau erreichen und sie möglicherweise davon abhalten, sich ihrem »Komplizen« anzuschließen.

»Wir wollen ihr lautlos folgen, Sir George, so lautlos

wie der Schatten dem Menschen folgt«, sagte er großspurig, »dann werden wir die beiden finden und mit ihnen hoffentlich auch ihre Beute.« Sir George setzte Mr Bates' Wünsche in seinem Haushalt durch, und hätte Loveday nicht am frühen Abend dem jungen Holt eine Nachricht zukommen lassen, würde tatsächlich keine Menschenseele außerhalb des Hauses etwas über Stephanies Verschwinden wissen.

Am nächsten Morgen war Loveday früh auf den Beinen; um acht saß sie im Zug nach Wreford. Bevor sie losfuhr, hatte sie ein Telegramm an ihren Chef in Lynch Court geschickt. Der Text war ziemlich merkwürdig:

»Hinz gefeuert. Unterwegs nach Wreford. Telegrafiere von dort. L. B.«

Und doch brauchte Mr Dyer kein Codebuch, um diese seltsame Mitteilung zu deuten. In seiner Detektei war »Hinz gefeuert« eine leicht zu merkende Umschreibung für »Hinweis gefunden«.

»Na, diesmal war sie aber wirklich schnell«, sagte er zu sich und grübelte, was wohl im nächsten Telegramm stehen würde.

Eine halbe Stunde später kam ein Constable von Scotland Yard vorbei und berichtete von Stephanies Verschwinden und den Mutmaßungen, die in dieser Angelegenheit im Umlauf waren. Daraufhin betrachtete Mr Dyer das Telegramm im Lichte dieser Informationen und kam zu dem Schluss, dass der Hinweis sich wohl auf Stephanies Aufenthaltsort sowie den Nachweis ihrer Schuld bezog.

Das Telegramm, das er wenig später erhielt, stellte diese Theorie jedoch auf den Kopf. Auch dieses war in der rätselhaften Lynch-Court-Sprache formuliert, und da es sich um eine längere und kompliziertere Nachricht handelte, musste Mr Dyer diesmal zum Codebuch greifen.

»Unglaublich! Diesmal hat sie alle übertroffen!«, rief er aus, als er das letzte Wort entziffert hatte.

Zehn Minuten später hatte er schon das Büro in die Obhut seines Chefsekretärs übergeben und ratterte in einer Kutsche in Richtung Bishopsgate Station.

Dort hatte er das Glück, gerade noch einen Zug nach Wreford zu erwischen.

»Das Schönste heute«, murmelte er, während er es sich auf einem Ecksitz bequem machte, »wird die Rückreise sein, wenn sie mir in aller Ruhe erzählt, wie sie das alles herausgefunden hat.«

Erst kurz vor drei Uhr nachmittags erreichte er die altmodische Marktstadt Wreford. Zufällig war es Viehmarkttag, und der Bahnhof war voller Kaufleute und Bauern. Vor dem Bahnhof wartete in einem Cab, wie in ihrem Telegramm angekündigt, Loveday Brooke.

»Es ist alles unter Kontrolle«, sagte sie, noch während er einstieg. »Selbst wenn er ahnt, dass wir hinter ihm her sind, wird er nicht fliehen können. Zwei Polizisten warten mit unterzeichnetem Haftbefehl vor der

Haustür. Ich fand jedoch, dass unser Büro die Ehre verdient, die Verhaftung zu übernehmen, also habe ich Ihnen telegrafiert.«

Sie fuhren über die Hauptstraße an den Stadtrand, wo zwischen Geschäften Privathäuser als Büros vermietet wurden. Das Cab hielt vor einem solchen Haus; zwei Polizisten in Zivil traten vor und begrüßten Mr Dyer.

»Er ist jetzt da drin, Sir, und erledigt seine Büroarbeit«, sagte einer und zeigte auf die Tür mit der schwarzen Aufschrift ›Droschkenkutscher-Wohlfahrtsverband des Vereinigten Königreichs‹. »Wie ich höre, ist heute sein letzter Arbeitstag: Vor einer Woche hat er gekündigt.«

In diesem Moment kam ein Mann die Treppe hinauf, offensichtlich ein Ordensbruder des Droschkenkutscherverbands. Neugierig starrte er auf die kleine Gruppe vor dem Eingang, klimperte mit dem Geld in seiner Tasche und ging ins Büro, wohl um seinen Beitrag zu bezahlen.

»Könnten Sie Mr Emmett bitte sagen«, bat ihn Mr Dyer, »dass draußen ein Gentleman mit ihm zu sprechen wünscht.«

Der Mann nickte und betrat das Büro. Als sich die Tür öffnete, gab sie den Blick auf einen alten Herrn am Schreibtisch frei, der Quittungen für eingezahltes Geld ausstellte. Etwas weiter hinten, zu seiner Rechten, saß ein junger, ausgesprochen gut aussehender Mann hinter ordentlichen Stapeln von Silber- und Kupfermünzen. Er war wie ein Gentleman gekleidet; seine Manieren, als

65

er mit einem Nicken und Lächeln auf die Nachricht reagierte, wirkten freundlich und angenehm.

»Eine Minute nur«, sagte er zu seinem Kollegen, stand auf und durchquerte den Raum.

Doch sobald er herauskam, fiel die Tür hinter ihm zu, und er fand sich von drei kräftigen Männern umzingelt. Einer von ihnen teilte ihm mit, dass er einen Haftbefehl für Harry Emmett in der Hand halte, angeklagt wegen Mitschuld am Einbruch in Craigen Court, und dass Harry besser freiwillig mitkommen solle: Widerstand sei zwecklos.

Diese letzte Aussage bezweifelte Emmett augenscheinlich nicht. Für einen Moment wurde er totenbleich, kam aber sogleich wieder zu sich.

»Wäre jemand so freundlich, meinen Hut und Mantel zu holen«, sagte er hochmütig. »Ich sehe nicht ein, warum ich mich erkälten sollte, nur weil jemand es für angebracht hält, sich zum Esel zu machen.«

Sein Hut und sein Mantel wurden geholt, und er musste sich zwischen die beiden Polizisten ins Cab setzen.

»Lassen Sie sich das eine Lehre sein, junger Mann«, sagte Mr Dyer. Er schloss die Tür und sprach zu Emmett durch das Fenster. »Es ist kaum strafbar, einen schwarzen Koffer auf der Türschwelle einer alten Dame zu lassen, aber wissen Sie was? Ohne diesen Koffer wären Sie vielleicht mit Ihrem Diebesgut davongekommen!«

Emmett der Unbezähmbare hatte eine Antwort parat. Ironisch lüftete er seinen Hut. »Sie hätten es besser ausdrücken können, Chef«, sagte er. »An Ihrer Stelle hätte ich gesagt: ›Junger Mann, Sie werden zu Recht für Ihre Missetaten bestraft; Sie haben Ihr Leben lang Ihre Mitmenschen mit viel Erfolg übers Ohr gehauen – jetzt ist es einmal schiefgelaufen.‹«

An diesem Tag musste Mr Dyer nicht nur Harry Emmett ans örtliche Gefängnis abliefern, sondern auch der Durchsuchung seiner Unterkunft und seiner Habseligkeiten beiwohnen. Man fand etwa ein Drittel des verschwundenen Schmucks bei ihm, was vermuten ließ, dass er aus der Sicht seiner Komplizen ein Drittel des Risikos auf sich genommen und ein Drittel des Verbrechens ausgeführt hatte.

Diverse Briefe und Notizen aus seiner Wohnung führten am Ende auch zur Entdeckung dieser Komplizen, und auch wenn Lady Cathrow den Großteil ihres wertvollen Besitzes verlieren musste, wusste sie doch zu ihrer Genugtuung jeden Dieb angemessen bestraft.

Erst kurz vor Mitternacht saß Mr Dyer im Zug Miss Brooke gegenüber und konnte sich endlich nach den Gliedern der Argumentationskette erkundigen, die auf so bemerkenswerte Weise einen mit unnützem Zeug gefüllten schwarzen Koffer und das Verschwinden wertvoller Juwelen verflochten hatte.

Auf ihre übliche methodische Art erklärte Loveday

die gesamte Angelegenheit ganz einfach und natürlich, Schritt für Schritt.

»Wie viele andere auch«, begann sie, »las ich den Bericht über die beiden Vorfälle in der selben Zeitung an dem selben Tag; wohl anders als vielen anderen fiel mir gleich der Humor auf, den sie gemeinsam hatten. Es ist ja so: Die meisten Menschen räumen zwar ein, dass vielerlei Motive einem Verbrechen zugrunde liegen können, doch nur wenige sind sich auch der Vielfalt der Charaktere bewusst. Wir malen uns gern aus, wie ein Verbrecher mit einem Bündel tödlicher Motive unter dem Arm düster durch die Welt schleicht, und können uns kaum vorstellen, dass er glänzende Augen und jede Menge Spaß bei der Arbeit haben kann – wie ehrliche Leute auch, wenn sie ihrer Berufung folgen.«

An dieser Stelle gab Mr Dyer eine Art Grunzen von sich, sei es in Zustimmung oder Ablehnung.

Loveday fuhr fort:

»Natürlich würde der absurde Stil des Briefes in dem Koffer jedem Leser auffallen; mir kamen die hochtrabenden Sätze außerdem seltsam bekannt vor. Ich war mir sicher, sie irgendwo gehört oder gelesen zu haben, nur konnte ich mich zunächst nicht entsinnen, wo. Sie klangen mir in den Ohren, und als ich nach Scotland Yard fuhr, um den Koffer mitsamt Inhalt zu sehen und mit Pauspapier ein paar Zeilen des Briefes zu kopieren, tat ich das nicht aus müßiger Neugier. Als ich feststellte, dass die

Handschrift darin nicht mit der übereinstimmte, in der die Übersetzungen im Koffer verfasst waren, wurde ich in meinem Eindruck bestätigt: Der Besitzer der Koffers war nicht der Verfasser des Briefes. Womöglich wurde der Koffer also mitsamt Inhalt zu einem bestimmten Zweck an irgendeinem Bahnhof entwendet, und nachdem dieser Zweck erfüllt war, hat man sich des Koffers kurzerhand entledigt. Der Brief, so schien es mir, wurde in der Absicht begonnen, die Polizei auf die falsche Fährte zu locken – doch der unbändige Sinn für Humor, der den Schreiber dazu gebracht hatte, seine klerikalen Hilfsmittel auf der Türschwelle einer alten Jungfer zu deponieren, hatte ihn mitgerissen, und der Brief, der eigentlich tragisch sein sollte, endete als Komödie.«

»So weit, so überzeugend«, murmelte Mr Dyer. »Wenn wir den Inhalt des Koffers durch Anzeigen bekanntmachen, wird sich wohl ein bestohlener Geistlicher melden und Ihre Theorie bestätigen.«

»Als ich von Scotland Yard zurückkam«, fuhr Loveday fort, »wartete schon die Nachricht auf mich, dass Sie mich wegen des großen Juwelenraubs sehen wollten. Es schien mir angebracht, zur Vorbereitung noch einmal den Zeitungsbericht über den Fall zu lesen, um mir die Einzelheiten in Erinnerung zu rufen. Als ich auf die Worte stieß, die der Dieb über die Tür des Tresors geschrieben hatte – ›zu vermieten, unmöbliert‹ – dachte ich sogleich an den Brief in dem schwarzen Koffer, mit seinem letzten

Kuss auf die mütterliche Wange der Marquise und der Predigt gegen die Rennbahn und den Buchmacher. Dann wurde mir alles blitzartig klar. Vor wenigen Jahren hatte ich nämlich aus beruflichen Gründen Rezitationsabenden in den Arbeitervierteln von Südlondon beiwohnen müssen. Verkäufer nebst anderen aus ihrer Schicht freuten sich über die Gelegenheit, ihre Talente zu zeigen, und deklamierten mit großem Elan aus Werken, die geeignet schienen, den Geschmack eines doch sehr gemischten Publikums zu befriedigen. Bei diesen Lustbarkeiten stellte sich eine bestimmte Anthologie als ein großer Favorit der Rezitierenden heraus, und ich fand es ratsam, ein Exemplar zu erwerben. Schauen Sie.«

Mit diesen Worten entnahm Loveday ihrer Manteltasche *Des Rezitators Wunderhorn* und überreichte es Mr Dyer.

»Nun«, sagte sie, »wenn Sie das Inhaltsverzeichnis überfliegen – ich möchte Ihre Aufmerksamkeit auf die Titel lenken, die für uns von Interesse sind. Erstens ›Der Abschied des Selbstmörders‹, zweitens ›Der edle Sträfling‹ und drittens ›Zu vermieten, unmöbliert‹.«

»Donnerwetter! Tatsächlich!«, platzte es Mr Dyer heraus.

»Im ersten Stück, ›Der Abschied des Selbstmörders‹, finden Sie die Ausdrücke, mit denen der Brief im Koffer beginnt – ›es naht der fatale Moment‹, ›armer lebloser Leib‹ und so weiter, sowie die Tirade gegen das Glücksspiel. Die Verweise auf aristokratische Verhältnisse wie auch der letzte Kuss auf die mütterliche Wange der Marquise entstammen ›Dem edlen Sträfling‹. Und zuletzt ›Zu vermieten, unmöbliert‹, ein recht albernes Gedichtlein, obschon ich zugeben muss, dass es bei einem nicht allzu anspruchsvollen Publikum durchaus für Gelächter gesorgt hat. Es geht um einen Junggesellen, der ein unmöbliertes Zimmer sucht, sich in die Tochter des Hauses verliebt und ihr sein Herz anbietet – ›zu vermieten, unmöbliert‹. Sie lehnt seinen Antrag jedoch ab, da sie der Meinung ist, unmöbliert sei beklagenswerterweise auch sein Kopf. Mit den drei Stücken vor Augen erkannte ich leicht die Verbindung zwischen dem Verfasser des Briefes und dem Dieb, der die Aufschrift auf dem entleerten Tresor in Craigen Court hinterlassen hatte. Diese Spur führte mich zu Harry Emmett – Lakai, Rezitator, Schürzenjäger und Schuft. Also verglich ich die Handschrift auf meinem Pauspapier mit der auf der Tresortür und stellte fest, dass die beiden nahezu identisch waren, abgesehen von den Unterschieden zwischen Kreide und Stahlfeder. Zuvor fand ich jedoch noch ein weiteres und meines Erachtens wichtigstes Glied in meiner Beweiskette, und zwar, wie Emmett von der klerikalen Aufmachung Gebrauch gemacht hat.«

»Ah, und wie haben Sie das herausgefunden?«, fragte Mr Dyer und beugte sich vor, die Ellbogen aufgestützt.

»Im Laufe der Unterhaltung mit der sehr auskunftsfreudigen Mrs Williams war es mir ein Leichtes, ihr die Namen der Gäste zu entlocken, die an Heiligabend zu Tisch gesessen hatten – lauter Ortsansässige, allesamt über jeden Zweifel erhaben. Ferner erzählte sie, kurz vor dem Abendessen sei ein junger Geistlicher an der Haustür erschienen und habe gebeten, mit dem Gemeindepfarrer zu sprechen, der an Heiligabend anscheinend immer in Craigen Court speist. Der junge Geistliche erklärte, ein Glaubensbruder – er nannte auch den Namen – habe ihm erzählt, seine Gemeinde würde einen Pfarrvikar suchen; er sei aus London angereist, um seine Dienste anzubieten. Im Pfarrhaus habe er von den Bediensteten erfahren, wo der Pfarrer speise. Um die Gelegenheit nicht zu versäumen, sei er ihm nach Craigen Court gefolgt. Nun hatte der Pfarrer tatsächlich einen Vikar gesucht, die Stelle aber eine Woche zuvor bereits besetzt. Er war erst etwas verärgert über diese Unterbrechung der abendlichen Festlichkeiten und erklärte schroff, er wolle keinen Vikar. Doch die Enttäuschung des Bittstellers – dieser vergoss gar ein paar Tränen – erweichte sein Herz; er sagte dem jungen Mann, er könne sich in der Halle hinsetzen und ausruhen, bevor er den Rückweg zum Bahnhof antrete; er würde den Hausherrn auch bitten, ihm ein Glas Wein zukommen zu lassen. Der Bittsteller nahm also auf einem Stuhl Platz, der sich direkt vor der kleinen Kammer befand. Wer dieser junge Mann war, brauche ich Ihnen wohl kaum zu sagen. Sicherlich können Sie sich auch den Rest ausmalen: Sobald der Diener Wein holen ging, ja kaum dass die Luft rein war, schlüpfte er in die Kammer und öffnete den Fensterriegel, um seinen Komplizen Einlass zu gewähren, die sich zweifellos bereits auf dem Gelände versteckt hatten. Ob dieser sanftmütige junge Geistliche einen schwarzen Schrankkoffer bei sich hatte, wusste die Haushälterin nicht mehr. Ich persönlich zweifle aber nicht daran, und ebenso wenig bezweifle ich, dass dieser die Mütze, die Manschetten, den Kragen und die Oberbekleidung von Harry Emmett enthielt, die er höchstwahrscheinlich bereits wieder trug, als er in seine Unterkunft in Wreford zurückkehrte und den tragikomischen Brief in den Koffer mit den Pfarrerrequisiten packte. Ich nehme an, er deponierte den Koffer am frühen Morgen, als die Nachbarschaft noch schlief, an der Türschwelle des Hauses in der Easterbrook Road.«

Mr Dyer holte tief Luft. In seinem Herzen herrschte uneingeschränkte Bewunderung für das Können, ja die Gabe seiner Kollegin. Zweifellos würde er der erstbesten Person, die willens war, zuzuhören, ein Loblied auf Miss Brooke singen – dieses galt jedoch auf keinen Fall ihren eigenen Ohren. Übermäßiges Lob konnte einer aufstrebenden Detektivin nur schaden.

Also begnügte er sich mit den Worten:

»Sehr zufriedenstellend. Wie haben Sie den Kerl denn zu seiner Bude verfolgen können?«

»Ach, das war reine Routine«, antwortete Loveday. »Mrs Williams erzählte mir, er habe seine Stelle bei Colonel James vor etwa sechs Monaten aufgegeben. Er hatte ihr gesagt, er wolle sich um seine liebe Großmutter kümmern, die einen Bonbonladen führte – sie konnte sich aber nicht erinnern, wo. Als ich hörte, dass Emmetts Vater Droschkenkutscher war, dachte ich sogleich an die spezielle Sprache dieser Zunft, die Ihnen ja bestimmt bekannt ist: Ihre Wohlfahrtsvereinigung nennen sie ›die liebe Großmutter‹ und das Büro, in dem sie Geld ein- und auszahlen, den ›Bonbonladen‹.«

»Ha! Und die gute Mrs Williams hat also alles wörtlich genommen?«

»Ganz recht. Was für ein lieber, herzensguter Mensch, dachte sie sich. Natürlich suchte ich sogleich nach einer Zweigstelle des Vereins in dem nächsten Städtchen und fand in dem dortigen Handelsadressbuch eine in Wreford. Da nun der schwarze Koffer tatsächlich in der Nähe von Wreford entdeckt wurde, vermutete ich, dass Emmett trotz seiner jungen Jahre dort eine Vertrauensstellung erlangt hatte, möglicherweise dank dem Einfluss seines Vaters, seinen vorzüglichen Manieren und seinem ansprechenden Äußeren. Dass er aber gleich die wöchentlichen Beiträge in Empfang nimmt, hatte ich zugegebenermaßen nicht erwartet. Natürlich setzte ich mich sofort mit der dortigen Polizei in Verbindung, und der Rest dürfte Ihnen bekannt sein.«

Nun konnte Mr Dryer seinen Enthusiasmus nicht länger zügeln.

»Große Klasse, von Anfang bis Ende!«, rief er. »Sie haben diesmal sich selbst übertroffen!«

»Was meine Freude aber trübt«, erwiderte Loveday, »ist die Sorge um das Schicksal der armen Stephanie.«

Diese Sorge sollte sich jedoch schon innerhalb der nächsten vierundzwanzig Stunden als unbegründet erweisen. Die erste Morgenpost brachte nämlich einen Brief von Mrs Williams, in dem sie berichtete, die junge Frau sei in der Nacht in Craigen Wood am Flussufer gefunden worden, halb tot vor Angst und Kälte. »Und zwar von genau dem Richtigen gefunden«, schrieb die Haushälterin, »dem jungen Holt, der so rettungslos in sie verliebt war und es auch immer noch ist. Gott sei Dank! Im letzten Moment hatte sie der Mut verlassen, und statt sich ins Wasser zu stürzen, sank sie halb ohnmächtig daneben nieder. Holt brachte sie nach Hause, zu seiner Mutter. Dort, auf dem Bauernhof, wird sie jetzt allseits gehegt und gepflegt.«

Arthur Conan Doyle

Die Geschichte des blauen Karfunkels

Am zweiten Tag nach Weihnachten sprach ich vormittags bei meinem Freund Sherlock Holmes vor, um ihm meine Glückwünsche zum Fest darzubringen. Ich traf ihn in einem purpurroten Schlafrock auf dem Sofa liegend, die lange Pfeife neben sich, ganz begraben unter einem Stoß von Morgenzeitungen. Neben dem Sofa stand ein Holzstuhl, an dessen Lehne ein ruppiger, unappetitlicher, steifer Filzhut, an mehreren Stellen eingedrückt und längst nicht mehr gebrauchsfähig, aufgehängt war. Ein Vergrößerungsglas und eine Pinzette auf dem Sitz des Stuhles deuteten an, dass der Hut zum Zweck seiner Untersuchung dort hing.

»Sie sind beschäftigt«, sagte ich. »Ich störe Sie vielleicht?«

»Durchaus nicht. Es ist mir im Gegenteil ganz erwünscht, mit einem guten Freund über die Ergebnisse meiner Untersuchung sprechen zu können. Der Gegenstand ist ein ganz alltäglicher« – dabei deutete er mit dem Daumen auf den alten Hut – »aber die weiteren Umstände, die mit demselben im Zusammenhang stehen, sind nicht ganz uninteressant, ja sogar einigermaßen lehrreich.«

Ich setzte mich in seinen Sessel und wärmte mir die Hände an seinem prasselnden Feuer, denn es war scharfer Frost eingetreten, und die Fenster waren mit einer dicken Eiskruste überzogen. »Vermutlich«, bemerkte ich, »steckt hinter diesem Ding da, so harmlos es aussieht, irgendeine Mordgeschichte und bildet für Sie den Anhaltspunkt zur Entdeckung irgendeines Geheimnisses und zur Bestrafung eines Verbrechens.«

»Nein, nein! Nichts von Verbrechen«, versetzte Holmes lachend, »nur einer jener absonderlichen kleinen Zwischenfälle, wie sie immer vorkommen, wo sich vier Millionen menschlicher Wesen auf einem Raum von wenigen Quadratmeilen drängen. Bei den wechselseitigen Reibungen eines so dicht geballten Menschenschwarms darf man sich auf alle möglichen Verkettungen von Umständen gefasst machen und bietet sich so manches kleine Rätsel zur Lösung dar, das, ohne verbrecherischer Natur zu sein, des Überraschenden und Sonderbaren genug enthält. Wir haben schon mehr dergleichen erlebt. Nun, ich zweifle nicht, dass auch dieser kleine Fall zu dieser unschuldigen Sorte gehören wird. Sie kennen doch Peterson, den Kommissionär?«

»Ja.«

»Ihm gehört diese Trophäe.«

»Es ist sein Hut?«

»Nicht doch, er hat ihn gefunden. Der Eigentümer desselben ist unbekannt. Ich bitte Sie jetzt, in dem Hut nicht einen alten, ruppigen Filz, sondern vielmehr einen Prüfstein für unseren Scharfsinn sehen zu wollen. Vor allem also hören Sie, wie derselbe hierherkam; er machte seine Aufwartung am Christfestmorgen in Gesellschaft einer guten, fetten Gans, welche ohne allen Zweifel jetzt gerade in Petersons Küche gebraten wird. Die Sache trug sich folgendermaßen zu: Etwa um vier Uhr am Christfestmorgen ging Peterson – wie Sie wissen, ein höchst anständiger Bursche – von einer kleinen Lustbarkeit nach Hause, wobei ihn sein Weg durch die Tottenham Court Road führte. Vor ihm her ging, wie er beim Schein des Gaslichts bemerkte, mit etwas schwankenden Schritten ein hochgewachsener Mann, der eine weiße Gans auf der Schulter trug. An der Ecke von Goodge Street bekam er Streit mit ein paar Gassenjungen. Einer derselben stieß ihm den Hut herunter, worauf er seinen Stock erhob, um sich zu verteidigen, und dabei schlug er das hinter ihm befindliche Ladenfenster ein. Peterson hatte seinen Schritt beschleunigt, um den Unbekannten gegen seine Angreifer zu beschützen. Dieser ließ jedoch in seinem Schrecken über das zerbrochene Fenster und das eilige Herannahen des beamtenähnlich aussehenden Kommissionärs seine Gans fallen, machte sich auf die Socken und verschwand in dem Gewirr von Gässchen hinter der Tottenham Court Road. Die Straßenjungen hatten sich bei Petersons Erscheinen gleichfalls davongemacht, sodass dieser Herr des Schlachtfeldes blieb und den zerknüllten Hut sowie die ganz annehmbare Weihnachtsgans als Siegesbeute betrachten durfte.«

»Die er gewiss dem Eigentümer wieder zustellte!«

»Mein lieber Junge, da steckt ja eben das Rätsel. Freilich befand sich an dem linken Bein des Tieres eine kleine Karte, auf der die Worte: ›Für Mr Henry Baker‹ geschrieben standen, und desgleichen stehen die Anfangsbuchstaben H. B. innen auf dem Futter dieses Hutes, aber da es in London ein paar tausend Baker und ein paar hundert Henry Baker gibt, so ist es keine leichte Sache, einem derselben einen verlorenen Gegenstand wieder zuzustellen.«

»Nun, was tat Peterson also?«

»Er übergab mir beides, Hut und Gans, am Christfestmorgen, da er wohl weiß, dass ich mich auch für den kleinsten rätselhaften Fall interessiere. Die Gans behielt ich bis heute Morgen, wo ich bemerkte, dass es trotz des frostigen Wetters geraten sei, sie ohne weiteren Verzug zu verspeisen. Ihr Finder hat sie deshalb mitgenommen, um sie der endgültigen Bestimmung aller Gänse entgegenzuführen, während ich den Hut des unbekannten Herrn, der so um seinen Weihnachtsbraten gekommen ist, noch hier habe.«

»Hat dieser keine Anzeige erlassen?«

»Nein.«

»Wie konnten Sie sich denn nun einen Anhaltspunkt für seine Identität verschaffen?«

»Lediglich auf dem Weg der Schlussfolgerung.«

»Aus diesem Hut?«

»Ganz gewiss.«

»Ach, Sie machen Scherze; was können Sie denn aus diesem alten, zerknüllten Filz entnehmen?«

»Hier ist meine Lupe. Sie wissen, wie ich es mache. Sehen Sie einmal selbst, was der Hut über die Person seines bisherigen Trägers sagt.«

Ich nahm den alten Zylinder und drehte ihn recht rat- und hilflos in den Händen herum. Es war ein ganz gewöhnlicher schwarzer Hut, von der gebräuchlichen runden Form, steif und längst nicht mehr salonfähig. Das Futter war von roter Seide gewesen, hatte jedoch die Farbe verloren. Der Name des Fabrikanten fand sich nicht darin, dagegen waren, wie Holmes bereits bemerkt hatte, die Buchstaben H. B. auf der einen Seite hineingekritzelt. Im Rand befand sich ein Loch für einen Huthalter, die Gummischnur fehlte jedoch; im Übrigen war der Hut voller Knicke, äußerst staubig und an mehreren Stellen befleckt; es war jedoch anscheinend der Versuch gemacht worden, die betreffenden Stellen durch Beschmieren mit Tinte zu verdecken.

»Ich vermag nichts zu sehen«, sagte ich, indem ich den Hut meinem Freund zurückgab.

»Im Gegenteil, Watson, Sie können alles Mögliche sehen. Sie versäumen nur, Ihre Schlüsse aus dem zu ziehen, was Sie sehen. Sie gehen zu schüchtern dabei zu Werke.«

»Dann bitte, sprechen Sie, was Sie diesem Hut zu entnehmen vermögen.«

Er nahm denselben vor sich und betrachtete ihn in der ihm eigenen prüfenden Weise.

»Er gibt vielleicht nicht so viel Aufschluss, als er wohl geben könnte«, bemerkte er. »Und doch lassen sich aus dem Hut ein paar Schlüsse mit aller Bestimmtheit, und wieder ein paar andere wenigstens mit einem hohen Grad von Wahrscheinlichkeit ableiten. Dass der Mann ein bedeutendes Denkvermögen besitzt, drängt sich einem auf den ersten Blick auf, ebenso, dass derselbe im Lauf der letzten drei Jahre sich in ziemlich ordentlichen Verhältnissen befand, obwohl jetzt schlimme Tage über ihn gekommen sind. Er hielt vordem auch etwas auf sich, doch ist dies jetzt nicht mehr in demselben Grad der Fall wie früher; offenbar befindet er sich in einem moralischen Rückgang, der, zusammengenommen mit der Verschlechterung seiner Vermögensumstände, auf irgendeinen schlimmen Einfluss, wahrscheinlich Trunksucht, hinweist. Dies mag auch die Schuld an dem offenbaren Umstand tragen, dass seine Frau ihm nicht mehr besonders zugetan ist.«

»Mein lieber Holmes!«

»Trotzdem hat er sich noch ein gewisses Maß von Selbstachtung bewahrt«, fuhr dieser fort, ohne meinen

Einwurf zu beachten. »Es ist ein Mann, der eine sitzende Lebensweise führt, wenig ausgeht, an starke Bewegung gar nicht mehr gewöhnt ist, in mittlerem Alter steht und gräuliche Haare hat, die er erst in den allerletzten Tagen hat schneiden lassen und die er mit Pomade einfettet. Dies sind die Tatsachen, die sich mit ziemlicher Sicherheit aus seinem Hut entnehmen lassen. Beiläufig bemerkt ist es außerdem im höchsten Grad unwahrscheinlich, dass er eine Gasleitung in seinem Haus hat.«

»Sie treiben ganz gewiss Scherz, Holmes.«

»Nicht im Mindesten. Ist es möglich, dass Sie jetzt, nachdem ich Ihnen diese Ergebnisse mitgeteilt habe, noch nicht einmal sehen, wie ich dazu gelangt bin?«

»Ich bin ohne Zweifel recht dumm, aber ich muss gestehen, ich vermag Ihnen nicht zu folgen. Zum Beispiel, wie kamen Sie darauf, dass der Mann ein bedeutendes Denkvermögen besessen habe?«

Als Antwort stülpte Holmes den Hut auf seinen Kopf. Er fiel ihm ganz über die Stirn herein, sodass er auf der Nasenwurzel aufsaß.

»Das ist lediglich eine Raumfrage«, versetzte er, »wer einen so mächtigen Schädel besitzt, hat auch in der Regel was Rechtes darinnen.«

»Nun, dann der Rückgang seiner Vermögensverhältnisse?«

»Dieser Hut ist drei Jahre alt. Diese flachen, am Rande aufgebogenen Krempen kamen damals auf. Es ist ein Hut allererster Qualität. Sehen Sie nur das Band von gerippter Seide und das ausgezeichnete Futter. Wenn dieser Mann vor drei Jahren imstande war, sich einen so teuren Hut anzuschaffen und seither keinen neuen mehr gehabt hat, so ist er sicherlich in seinen Verhältnissen heruntergekommen.«

»Nun, das ist allerdings klar genug. Aber wie steht es damit, dass er früher etwas auf sich gehalten habe und jetzt sich in moralischem Rückgang befinde?«

Holmes lachte. »Seine frühere Fürsorglichkeit und Ordnungsliebe sitzen hier«, erwiderte er, indem er seinen Finger auf die kleine Scheibe und den Ring des Huthalters legte. »Im Laden bekommt man nie einen Huthalter mit. Wenn dieser Mann sich also einen solchen anschaffte, so beweist dies einen gewissen Grad von Sorgsamkeit, indem er eine außergewöhnliche Maßregel zum Schutz gegen den Wind traf. Aber da wir weiter sehen, dass er, nachdem das Gummiband abgerissen war, sich nicht die Mühe gab, solches zu erneuern, so ist es ganz klar, dass er jetzt nicht mehr so viel auf sich hält, und dies ist ein sicheres Anzeichen eines allgemeinen Rückgangs. Er hat sich allerdings andererseits bemüht, einige Flecken auf dem Filz mit Tinte zu verdecken, was darauf hinweist, dass er noch nicht alle Selbstachtung verloren hat.«

»Dagegen lässt sich freilich nichts einwenden.«

»Die weiteren Punkte, nämlich dass er in mittleren Jahren steht, dass er gräuliches, frisch geschnittenes Haar hat und für dieses Pomade gebraucht, er- geben sich sämtlich aus einer genauen Prüfung des unteren Teils des Futters. Unter der Lupe sieht man eine große Anzahl durch die Schere des Barbiers glatt abgeschnittener Haarspitzen, die sämtlich ankleben und deutlich nach Pomade riechen. Dieser Staub ist, wie Sie bemerken werden, nicht der sandige Staub der Straße, sondern der weiche braune Hausstaub, der zeigt, dass der Hut die meiste Zeit zu Hause hing, während die Platten auf der Innenseite desselben mit Bestimmtheit beweisen, dass sein Träger gewaltig schwitzen musste und deshalb kaum ein starkes Gehen gewöhnt sein konnte.«

»Aber seine Frau? Sie sagten ja schon, dass sie nicht mehr so gut mit ihm lebe.«

»Dieser Hut ist seit Wochen nicht mehr ausgebürstet worden. Sollte ich einmal Ihnen, mein lieber Watson, mit dem Staub einer ganzen Woche auf Ihrem Hut begegnen und hätte Sie Ihre Frau in einem solchen Zustand ausgehen lassen, so müsste ich wirklich fürchten, es habe Sie gleichfalls das Unglück betroffen, die Liebe Ihrer Frau zu verlieren.«

»Aber er konnte doch auch Junggeselle sein.«

»Nein, er brachte die Gans als Friedensstifterin seiner Frau nach Hause. Denken Sie nur an die Karte, die sie an dem einen Bein trug.«

»Sie wissen auf alles Antwort, aber wie in aller Welt

wollen Sie dem Hut entnehmen, dass er keine Gasleitung im Haus habe?«

»Ein Talgfleck oder auch zwei können zufällig entstehen, aber wenn ich deren nicht weniger als fünf wahrnehme, so ist es kaum zweifelhaft, dass der Mann öfters mit brennendem Talg in Berührung gekommen sein muss – er hielt vermutlich, wenn er nachts die Treppe hinaufging, den Hut in der einen Hand und in der anderen ein tropfendes Talgstümpchen. Jedenfalls bekommt er niemals Talgflecken von einer Gasflamme. Sind Sie nun zufrieden?«

»Nun ja, das ist ja allerdings höchst scharfsinnig«, erwiderte ich lachend, »aber da, wie Sie eben bemerkt haben, kein Verbrechen vorliegt und außer dem Verlust einer Gans auch kein Schaden entstanden ist, so kommt es mir vor, als sei das alles doch eine recht überflüssige Mühe.«

Holmes hatte eben die Lippen geöffnet zu einer Erwiderung, als die Tür aufgerissen wurde und Peterson, der Kommissionär, mit hoch geröteten Wangen und allen Zeichen höchster Erregung hereinstürzte. »Die Gans, Mr Holmes! Die Gans!«, stotterte er hervor.

»Nun, was ist denn damit los? Ist sie wieder lebendig geworden und zum Küchenfenster hinausgeflogen?« Holmes drehte sich auf dem Sofa herum, um dem Mann besser in sein erregtes Gesicht blicken zu können.

»Sehen Sie hier. Das hat meine Frau in ihrem Kropf

gefunden.« Dabei streckte er die Hand aus, auf deren innerer Fläche ein prächtig funkelnder blauer Stein sichtbar wurde, etwas kleiner als eine Bohne, aber so klar und strahlend, dass derselbe in der dunklen Höhlung seiner Hand blitzte wie ein elektrischer Funke.

Mit einem Ruck richtete sich Holmes auf. »Hui!«, rief er, »beim Himmel, Peterson, das heißt ja wahrhaftig einen Schatz finden. Ich denke, Sie wissen doch, was Sie da erwischt haben?«

»Einen Diamanten. Einen kostbaren Stein. Er schneidet Glas, als ob es Kitt wäre.«

»Es ist mehr als ›ein‹ kostbarer Stein. Es ist geradezu der kostbarste Stein.«

»Doch nicht der blaue Karfunkel der Gräfin von Morcar?«, rief ich dazwischen.

»Doch, freilich; ich muss ja ganz genau wissen, wie er aussieht, habe ich doch in letzter Zeit Tag für Tag die ihn betreffende Anzeige in der ›Times‹ gelesen. Er ist ganz einzig, und sein Wert lässt sich nur vermuten. Aber die Belohnung von tausend Pfund, die auf seine Wiederbringung ausgesetzt ist, stellt sicherlich noch nicht den zwanzigsten Teil seines Verkaufswertes dar.«

»Tausend Pfund. Großer, gütiger Gott!«

Peterson sank auf einen Stuhl und starrte uns der Reihe nach an.

»Diese Belohnung ist darauf ausgesetzt, und ich habe Grund anzunehmen, dass dabei Erwägungen zarter Natur im Hintergrund stehen, denen zuliebe die Gräfin für die Wiederbringung des Steins gern ihr halbes Vermögen hingeben würde. Er kam, wenn ich mich recht erinnere, im Hotel Cosmopolitan abhanden«, bemerkte ich.

»Gewiss; am 22. Dezember, genau vor fünf Tagen. Der Klempner John Horner wurde bezichtigt, ihn aus dem Schmuckkästchen der Dame entwendet zu haben. Die Anzeichen gegen ihn waren so schwer, dass der Fall vor die Geschworenen verwiesen wurde. Ich glaube, da kommt irgendwo ein Bericht darüber.« Er suchte unter seinen Zeitungen und fand auch wirklich den betreffenden Artikel.

Dieser lautete:

Juwelendiebstahl im Hotel Cosmopolitan

John Horner, 26 Jahre alt, Klempner, stand unter der Anklage, am 22. dieses Monats aus dem Schmuckkästchen der Gräfin von Morcar den unter dem Namen ›der blaue Karfunkel‹ bekannten kostbaren Stein entwendet zu haben. James Ryder, erster Hausdiener im Hotel, bezeugte, er habe Horner am Tag des Diebstahls zum Toilettenzimmer der Gräfin gewiesen, wo derselbe eine Stange des Kaminrostes, die los war, wieder anbringen sollte. Er war kurze Zeit bei Horner geblieben, jedoch schließlich abgerufen worden. Bei seiner Rückkehr fand er Horner nicht mehr vor und entdeckte gleichzeitig, dass der Schreibtisch aufgebrochen worden war und das kleine Maroquinkästchen, worin, wie sich später herausstellte, die Gräfin ihre Juwelen aufzubewahren pflegte, leer auf dem Tisch stand. Ryder schlug augenblicklich Lärm, und Horner wurde noch am selben Abend festgenommen, ohne dass jedoch der Stein bei ihm selbst oder in seiner Behausung gefunden worden wäre. Katharine Cusack, Kammermädchen der Gräfin, welche auf den Schrei, den Ryder bei seiner Entdeckung ausstieß, zu diesem ins Zimmer geeilt war, wusste lediglich Ryders Angaben über den dortigen Befund zu bestätigen. Polizeiinspektor Brad Street, über die Verhaftung Horners als Zeuge vernommen, erklärte, dass dieser sich dabei wie wütend gewehrt und seine Unschuld hoch und teuer versichert habe. Da gegen denselben eine Vorbestrafung wegen Diebstahls vorlag, lehnte der Untersuchungsbeamte eine summarische Behandlung der Anklage ab und verwies dieselbe an das Schwurgericht. Horner, der schon während des ganzen Verfahrens hochgradige Erregung gezeigt hatte, wurde bei der Schlussverhandlung ohnmächtig, sodass er aus dem Saal getragen werden musste.

»Hm! So viel, was die Gerichtsverhandlung betrifft«, fügte Holmes nachdrücklich bei, indem er die Zeitung wegschob. »Unsere Aufgabe ist es jetzt, den Faden aufzufinden, der uns von dem erbrochenen Schmuckkästchen, mit dem die Geschichte begann, bis zum Gänsekropf am Schluss leitet. Sie sehen, Watson, unsere kleinen Erhebungen haben mit einem Mal ein weit gewichtigeres und weniger unschuldiges Gesicht bekommen. Der Stein ist hier, der Stein stammt aus der Gans, und die Gans von Mr Henry Baker, dem Herrn mit dem schlechten Hut und all den besonderen Kennzeichen, mit denen ich Ihnen so viel zu schaffen machte. So müssen wir denn nun allen Ernstes darangehen, diesen Herrn und die Rolle, die er in dieser geheimnisvollen Geschichte gespielt hat, zu ermitteln. Zu dem Ende müssen wir es zunächst mit dem einfachsten Mittel versuchen, und das wäre zweifellos eine Anzeige in sämtlichen Abendzeitungen. Schlägt dieses fehl, so werde ich zu anderen Mitteln greifen.«

»Wie wollen Sie denn die Anzeige abfassen?«

»Geben Sie mir einen Bleistift und diesen Streifen Papier. Also: ›Gefunden an der Ecke von Goodge Street eine Gans und ein schwarzer Filzhut. Mr Henry Baker kann die Gegenstände heute Abend um 6 Uhr 30 in Nr. 221 Baker Street abholen.‹«

»Das ist klar und kurz beisammen.«

»Allerdings; aber wird er es auch zu Gesicht bekommen?«

»Nun, sicherlich wird er die Zeitungen mit Aufmerksamkeit verfolgen, denn für einen armen Mann wie ihn ist sein Verlust kein geringer. Offenbar war er durch sein Missgeschick mit dem Fenster so bestürzt, dass er bei Petersons Erscheinen an nichts als Flucht dachte, aber seither hat er ganz gewiss den raschen Entschluss, seine Gans fallen zu lassen, bitter bereut. Dann wird auch die Nennung seines Namens dazu beitragen, dass es ihm zu Gesicht kommt, denn jeder, der ihn kennt, wird seine Aufmerksamkeit darauf lenken. Da Sie gerade da sind, Peterson, laufen Sie doch mal schnell auf das Zeitungsbüro und lassen Sie das in die Abendblätter einrücken.«

»In welche?«

»Oh, in den ›Globe‹, den ›Star‹, die ›Pall Mall‹, ›St. James‹, ›Evening News‹, ›Standard‹, ›Echo‹ und sonst noch in einige, die Ihnen gerade einfallen.«

»Ganz gut; und dieser Stein?«

»Ach ja, den will ich bei mir behalten. Danke schön. Und dann, Peterson, bringen Sie mir auf dem Rückweg nur gleich eine Gans mit, wir müssen doch dem Eigentümer eine andere geben als Ersatz für die, welche eben bei Ihnen verzehrt wird.«

Als Peterson fort war, nahm Holmes den Stein und hielt ihn gegen das Licht. »Ein allerliebstes Ding!«, sagte er. »Sehen Sie nur, wie es blitzt und funkelt, der reinste Sammel- und Brennpunkt für Verbrechen. So ist es mit allen echten Steinen. Sie sind des Teufels Lieblingsköder. Bei den größeren, älteren Steinen kann man für jede Facette eine Bluttat in Rechnung nehmen. Dieser ist noch keine zwanzig Jahre alt. Er stammt von den Ufern des Amoyflusses im Norden Chinas und zeichnet sich dadurch aus, dass er alle besonderen Merkmale eines Karfunkels hat, ausgenommen, dass er im Dunkeln einen blauen Schein wirft anstatt eines rubinroten. Trotz seiner Jugend hat derselbe schon eine recht traurige Geschichte. Zwei Mordtaten, eine Begießung mit Schwefelsäure, einen Selbstmord und mehrere Diebstähle hat dieses vierzig Gramm schwere Stückchen kristallisierten Kohlenstoffs auf dem Gewissen. Wer sollte in diesem niedlichen Schmuckgegenstand den eifrigsten Werber für Galgen und Zuchthaus vermuten? Ich will den Stein jetzt in meiner Sicherheitskassette verschließen und der Gräfin mit einer Zeile sagen, dass wir ihn haben.«

»Halten Sie diesen Horner für unschuldig?«

»Das kann ich nicht sagen.«

»Nun, denken Sie dann, dass dieser andere, der Henry Baker, hinter der Sache steckt?«

»Ich halte es für weit wahrscheinlicher, dass Henry Baker ein ganz unschuldiger Mensch ist, der keine Idee davon hat, dass die Gans, die er trug, ein Beträchtliches mehr wert war, als wäre sie von purem Gold gewesen. Das werde ich übrigens auf ganz einfache Weise feststellen, wenn wir erst eine Antwort auf unsere Anzeige haben.«

»Und bis dahin können Sie nichts tun?«

»Nichts.«

»Nun, dann werde ich meinen gewohnten Rundgang

bei meinen Patienten machen und heute Abend zu der angegebenen Stunde wieder hier sein, denn ich möchte doch gerne sehen, wie dieser verwickelte Knoten sich auflöst.«

»Wird mir sehr angenehm sein, also auf Wiedersehen. Um sieben Uhr ist das Abendessen fertig, ich glaube, es gibt Rebhühner. Eigentlich sollte ich, angesichts unserer neuesten Erlebnisse, der Köchin gleich den Auftrag geben, dass sie ihnen die Kröpfe vorher untersucht.«

Ich hatte mich ein wenig verspätet, und es war etwas nach halb sieben Uhr, als ich mich wieder in der Baker Street einfand. Indem ich auf das Haus zuschritt, sah ich vor demselben einen großen Mann mit einer schottischen Mütze auf dem Kopf und einem bis unters Kinn zugeknöpften Rock innerhalb des halbkreisförmigen Scheins der Laterne stehen und warten. Jetzt wurde eben die Tür geöffnet, und wir traten beide gleichzeitig in Holmes' Zimmer ein.

»Mr Henry Baker vermutlich«, begann dieser, indem er sich aus seinem Lehnstuhl erhob und seinen Besucher mit der herzlichsten Freundlichkeit begrüßte, die er so leicht anzunehmen verstand. »Bitte, setzen Sie sich hier auf diesen Stuhl beim Feuer, Mr Baker. Es ist eine kalte Nacht heute, und es scheint mir, der Sommer ist Ihnen zuträglicher als der Winter. Ha, Watson, Sie sind gerade zur rechten Zeit gekommen. Ist dies Ihr Hut, Mr Baker?«

»Jawohl. Das ist unzweifelhaft mein Hut.«

Baker war ein großer, breitschultriger Mann mit einem starken Kopf und einem offenen, gescheiten Gesicht, das in einen spitzen, mit etwas Grau gemischten Bart endigte. Ein rötlicher Schein auf Nase und Wangen zusammen mit einem leichten Zittern seiner ausgestreckten Hand gemahnte an die Vermutung, die Holmes bezüglich seiner Gewohnheiten geäußert hatte. Sein fettiger, schwarzer Rock war bis oben zugeknöpft, der Kragen herausgeschlagen, und seine langen Handgelenke standen weit aus den Ärmeln hervor, ohne dass eine Spur einer Manschette oder eines Hemdes zu bemerken gewesen wäre. Er sprach langsam und abgebrochen, wobei er seine Worte sorgfältig wählte, und machte in allem den Eindruck eines gebildeten, durch die Ungunst des Schicksals heruntergekommenen Mannes. »Wir haben diese Sachen ein paar Tage lang behalten«, erklärte Holmes, »weil wir dachten, wir würden durch eine Anzeige von Ihrer Seite Ihre Adresse erfahren. Ich verstehe nicht, warum Sie keine Anzeige erließen.« Unser Besuch ließ ein ziemlich verlegen klingendes Lachen hören. »Mit meiner Kasse ist es in letzter Zeit nicht mehr so flott bestellt wie wohl sonst«, versetzte er. »Ich war fest überzeugt, dass die Strolche Hut und Gans mit fortgenommen haben, und wollte für einen hoffnungslosen Versuch ihrer Wiederbeschaffung nicht noch mehr Geld ausgeben.«

»Ganz natürlich. Apropos, was die Gans betrifft, so haben wir sie aufessen müssen.«

»Aufessen?« Dabei stand er vor Erregung halb vom Stuhl auf.

»Ja, wissen Sie, wenn wir es nicht getan hätten, so hätte niemand etwas davon gehabt. Aber ich denke, die andere Gans, die dort auf dem Nebentisch liegt, und die nahezu ebenso schwer und vollkommen frisch ist, wird Ihnen ganz denselben Dienst tun.«

»Oh freilich, freilich!«, erwiderte Mr Baker mit einem Seufzer der Erleichterung.

»Natürlich haben wir noch Federn, Beine, Kopf und so fort von Ihrer eigenen Gans, und wenn Sie wünschen …«

Der Mann brach in ein herzliches Lachen aus. »Die könnte ich allenfalls als Reliquien meines Abenteuers aufheben«, meinte er, »aber sonst wüsste ich nicht, was ich mit den Überbleibseln meiner alten Bekannten eigentlich anfangen sollte. Nein, mit Ihrer Erlaubnis gedenke ich meine Aufmerksamkeit ausschließlich dem vortrefflichen Exemplar zuzuwenden, das ich hier auf dem Nebentisch liegen sehe.«

Holmes warf mir einen scharfen Blick zu und zuckte dabei kaum merklich mit den Schultern.

»Nun, hier ist also Ihr Hut und hier die Gans«, sagte er; »beiläufig bemerkt, möchten Sie mir vielleicht sagen, woher Sie die andere Gans hatten? Ich bin nämlich ein wenig Geflügelnarr, und ein schöneres Tier ist mir selten vorgekommen.«

»Sehr gerne«, erwiderte Baker, der indessen aufgestanden war und seinen neu errungenen Besitz unter den Arm genommen hatte. »Ich bin mit ein paar meiner Bekannten Stammgast in der Wirtschaft zum ›Alpha‹, beim Museum. Dieses Jahr nun hat unser wackerer Wirt, Windigate mit Namen, die Einrichtung getroffen, dass jeder von uns gegen eine wöchentliche Einzahlung von ein paar Pence auf Weihnachten eine Gans erhielt. Ich entrichtete meinen Beitrag pünktlich, und das Übrige wissen Sie ja. Ich bin Ihnen sehr verpflichtet, denn eine schottische Mütze passt für meine Jahre ebenso wenig wie für mein gesetztes Wesen.« Mit komischer Grandezza stülpte er seinen zerknüllten Zylinder auf, machte jedem von uns eine feierliche Verbeugung und ging dann seines Weges.

»Das wäre also Mr Henry Baker«, sagte Holmes, als er die Tür hinter demselben geschlossen hatte. »Es ist ganz sicher, dass er nicht das Geringste von der Geschichte ahnt. Sind Sie hungrig, Watson?«

»Nicht besonders.«

»Dann schlage ich Ihnen vor, wir nehmen unsere Mahlzeit erst später ein und verfolgen diese Spur, solange sie noch frisch ist.«

»Ganz einverstanden.«

Es war eine bitterkalte Nacht, und wir hüllten uns deshalb warm in Überröcke und Shawls ein. Draußen blinkten die Sterne frostig am wolkenlosen Himmel, und die Vorüberwandelnden bliesen den Atem in dichten Dampfwolken vor sich. Scharf und laut klangen unsere Tritte, während wir unserem Ziel zustrebten. Nach einer Viertelstunde hatten wir die Alpha Inn, eine kleine Wirtschaft in einem Eckhaus in Bloomsbury, erreicht. Wir begaben uns ins Herrenstübchen, wo Holmes bei dem rotbackigen Wirt mit weißer Schürze zwei Glas Bier bestellte.

»Wenn Ihr Bier so gut ist wie Ihre Gänse, dann muss es ausgezeichnet sein«, sagte er.

»Meine Gänse?« – Der Mann schien überrascht.

»Ja. Es ist noch keine halbe Stunde her, dass ich mit Mr Henry Baker gesprochen habe, der zu Ihrem Gänseklub gehört.«

»Ach ja, jetzt verstehe ich. Aber sehen Sie, die Gänse waren nicht von mir.«

»Wirklich? Von wem denn?«

»Nun, ich habe die zwei Dutzend von einem Händler in Covent Garden bezogen.«

»So? Ich kenne ein paar von ihnen; welcher war es?«

»Breckinridge heißt er.«

»Ah, den kenne ich nicht. Nun, auf Ihr Wohl, Wirt, und auf das Gedeihen Ihres Hauses! Gute Nacht!«

»Jetzt zu Mr Breckinridge«, fuhr er fort, indem er beim Hinaustreten in die kalte Luft seinen Rock zuknöpfte.

»Vergessen Sie nicht, Watson, dass unser Faden uns von einer höchst harmlosen Gans zu einem Mann führt, dem sieben Jahre Zwangsarbeit sicher sind, sofern wir nicht seine Unschuld nachweisen können. Möglich, dass unsere Nachforschung lediglich seine Schuld zu bestätigen vermag, aber in jedem Fall sind wir im Besitz einer Spur, welche der Polizei entgangen ist und die uns ein eigentümlicher Zufall in die Hand gespielt hat. Wir wollen den Faden verfolgen bis zum bitteren Ende. Auf gen Süden also, und frisch voran!« Als wir nach längerer Kreuz- und Querwanderung den Covent Garden Market erreicht hatten, lasen wir an einem der größten Geschäfte den Namen Breckinridge. Der Eigentümer, ein vierschrötig aussehender Mann mit scharfen Zügen und wohlgepflegtem Kotelettenbart, war gerade daran, mithilfe eines jungen Burschen die Läden zu schließen.

»Guten Abend. Eine kalte Nacht heute!«, sagte Holmes.

Der Händler nickte und warf einen fragenden Blick auf meinen Begleiter.

»Alle Ihre Gänse ausverkauft, soviel ich sehe«, fuhr Holmes fort, indem er auf den leeren Marmortisch deutete.

»Können morgen früh 500 Stück haben.«

»Das hilft mir nichts.«

»Nun, dort gibt's ja noch welche, in dem Laden mit der Gaslaterne.«

»Ganz recht, aber ich bin an Sie empfohlen.«

»Von wem?«

»Vom Wirt zum ›Alpha‹.«

»Ah ja, dem habe ich ein paar Dutzend geschickt.«

»Es waren sehr schöne Tiere. Ei, wo hatten Sie die her?«

Zu meiner Überraschung rief diese Frage bei dem Händler einen Zornesausbruch hervor.

»Nun, Herr«, sagte er, indem er den Kopf zurückwarf und die Arme in die Seite stemmte, »worauf wollen Sie eigentlich hinaus? Sprechen Sie sich deutlich aus, ohne Umschweife.«

»Das ist doch deutlich genug. Ich möchte gerne wissen, wer Ihnen die Gänse verkauft hat, die Sie an das ›Alpha‹ geliefert haben?«

»Nun, und ich sage es Ihnen nicht. Jetzt wissen Sie's!«

»Oh, es liegt nicht so viel daran, aber ich begreife gar nicht, warum Sie über eine solche Bagatelle so hitzig werden.«

»Hitzig? Sie würden wohl auch hitzig werden, wenn man Sie so kujonierte wie mich. Wenn ich gutes Geld für gute Ware gezahlt habe, so sollte das Geschäft abgemacht sein; aber nein, da geht's los: ›Wo sind die Gänse‹, ›An wen haben Sie die Gänse verkauft‹, ›Was wollen Sie für die Gänse‹. Man könnte gerade glauben, es gäbe sonst keine Gänse auf der Welt, wenn man die Randale hört, die man darüber anschlägt.«

»Nun, wenn sonst noch Leute sich nach den Gänsen erkundigt haben, so habe ich mit denen nichts zu tun«, versetzte Holmes leichthin. »Wenn Sie's uns nicht sagen wollen, so ist's eben einfach nichts mit der Wette; aber wenn sich's um Geflügel handelt, bin ich jederzeit bereit, für das, was ich behaupte, auch etwas daranzusetzen; so habe ich fünf Schilling gewettet, dass die Gans, die ich an Weihnachten verzehrt habe, vom Land stammte.«

»Nun, dann haben Sie Ihre fünf Schilling verloren, denn es war Stadtware«, fuhr der Händler dazwischen.

»Ach – niemals.«

»Ich sag aber, es ist so.«

»Und ich glaub's nicht.«

»Wollen Sie mehr vom Geflügel verstehen als ich, der ich immer damit zu tun gehabt habe, seit ich krabbeln kann? Ich sage Ihnen, alle diese Gänse, die nach dem ›Alpha‹ gekommen sind, waren Stadtware.«

»Ich glaube es in meinem Leben nicht.«

»Wollen wir wetten?«

»Ich nehme Ihnen lediglich Ihr Geld ab, denn ich weiß, dass ich recht habe. Aber ich setze einen Sovereign dran, nur um Ihnen zu zeigen, dass ich nicht eigensinnig bin.«

Der Händler lachte grimmig auf. »Bring mir die Bücher, Bill!«, rief er. Der kleine Junge brachte ein kleines, dünnes Buch und ein großes mit fettigem Rücken herbei und legte beide aufgeschlagen unter die Hängelampe. »Nun also, Sie eigensinniger Kauz«, sagte der Händler, »ich meinte, ich habe heut nichts mehr mit Gänsen zu tun, aber Sie sollen gleich sehen, dass doch noch eine hier im Laden ist. – Sie sehen das kleine Buch?«

»Nun?«

»Das enthält die Liste der Leute, von denen ich kaufe. Sehen Sie? Nun, also auf dieser Seite stehen die Leute vom

Land, und die Nummern hinter ihren Namen zeigen an, wo in dem großen Buch ihre Konten stehen. Nun, und dann sehen Sie diese andere Seite in roter Tinte? Das ist die Liste meiner Stadtlieferanten. Jetzt suchen Sie den dritten Namen. Lesen Sie ihn mir einmal vor.«

»Mrs Oakshott, 117 Brixton Road, 249«, las Holmes.

»So ist's. Nun schlagen Sie das im Kontobuch nach.«

Holmes schlug die angegebene Seite auf.

»Hier haben Sie's wieder: Mrs Oakshott, 117 Brixton Road. Eier- und Geflügel-Lieferantin. Nun also, was ist der letzte Eintrag?«

»22. Dez. 24 Gänse zu 7 sh und 6 d.«

»So ist's. Da haben Sie's. Und drunter?«

»Verkauft an Mrs Windigate vom ›Alpha‹ zu 12 Schilling.«

»Na, was haben Sie jetzt noch zu sagen?«

Holmes sah ganz niedergeschlagen aus, er zog einen Sovereign aus der Tasche, warf ihn auf den Tisch und ging hinaus mit einer Miene, als sei er zu tief entrüstet, um noch Worte zu finden. In einiger Entfernung blieb er unter einer Laterne stehen und brach in das ihm eigentümliche, herzliche und doch geräuschlose Lachen aus.

»Wenn du einen Burschen dieses Schlages vor dir hast, so kannst du ihn stets mit einer Wette drankriegen«, sagte er; »ich behaupte fest, wenn ich hundert Pfund vor den Mann hingelegt hätte, er würde mir nie diese vollständige Auskunft gegeben haben, die ich jetzt von ihm erhielt durch die Aussicht, mir eine Wette abzugewinnen. Nun, Watson, ich glaube, wir nähern uns dem Ende unserer Forschungsreise, und es fragt sich jetzt nur noch, ob wir diese Mrs Oakshott heute Abend noch aufsuchen oder ob wir dies für morgen aufsparen wollen. Aus dem, was der grobe Geselle sagte, geht klar hervor, dass auch noch andere Leute außer uns sich mit der Angelegenheit beschäftigt haben, und ich würde ...«

Seine Bemerkungen wurden plötzlich durch ein lautes Geschrei unterbrochen, das von dem Laden, den wir soeben verlassen hatten, herklang. Wir kehrten um und sahen einen kleinen Burschen mit fahlem Gesicht mitten im hellen Schein der über der Ladentür hängenden Laterne stehen und sich vor dem Händler ducken, während dieser unter der Ladentür grimmig die Fäuste gegen ihn schüttelte.

»Jetzt habe ich's satt mit euch und euren Gänsen!«, schrie er dabei. »Ich wollte, Ihr wäret beim Teufel alle miteinander. Wenn du noch einmal kommst und mich mit deinem dummen Geschwätz kujonierst, so hetz ich den Hund auf dich! Mrs Oakshott soll selber kommen, dann will ich ihr schon Rede und Antwort geben, aber was geht's denn dich an?«

»Nun, eine davon gehörte doch mir«, wimmerte der kleine Mann.

»Dann frage doch Mrs Oakshott danach!«

»Die hat mich ja an Sie gewiesen.«

»Nun, so frag, wen du willst, ich schere mich nichts drum. Ich hab es dick! Hinaus da!« Er machte eine drohende Bewegung vorwärts, und der Frager verschwand in der Finsternis.

»Ho, das erspart uns möglicherweise den Besuch in Brixton Road«, flüsterte Holmes, »kommen Sie mit mir, wir wollen sehen, was mit dem Burschen zu machen ist.«

Rasch hatte sich mein Begleiter zwischen den Gruppen, die vor den beleuchteten Ladenfenstern standen, durchgewunden, den kleinen Mann eingeholt und klopfte ihm nun auf die Schulter. Blitzschnell fuhr derselbe herum, und im Schein des Gaslichts sah ich, dass jede Spur von Farbe aus seinem Gesicht gewichen war.

»Nun, wer sind Sie? Was wollen Sie?«, fragte er mit unsicherer Stimme.

»Entschuldigen Sie«, erwiderte Holmes freundlich, »aber ich konnte nicht umhin, bei Ihrem Gespräch mit dem Händler soeben zuzuhören; ich glaube, ich könnte Ihnen behilflich sein.«

»Sie? Wer sind Sie? Wie können Sie etwas über die Sache wissen?«

»Mein Name ist Sherlock Holmes. Es gehört zu meinem Geschäft, Dinge zu wissen, die andere Leute nicht wissen.«

»Aber davon können Sie doch nichts wissen.«

»Bitte um Entschuldigung, ich weiß alles. Sie möchten gerne ein paar Gänse ausfindig machen, die von Mrs Oakshott in der Brixton Road an den Händler namens Breckinridge, von ihm wiederum an den Wirt Windigate zum ›Alpha‹, und von diesem an seine Stammgäste, zu denen ein Mr Henry Baker gehört, verkauft worden sind.«

»Oh, Herr, Sie kommen mir wie gerufen«, rief der kleine Bursche mit ausgestreckten Händen und zitternden Fingern. »Sie glauben gar nicht, wie viel mir an der Sache liegt.«

Holmes rief einen vorüberfahrenden Zweispänner heran.

»In diesem Fall wird es besser sein, wir sprechen darüber im gemütlichen Zimmer als auf diesem windigen Marktplatz«, meinte er. »Aber, bitte, sagen Sie mir zuvor, wem ich das Vergnügen habe, meinen Beistand zu leihen.«

Der Bursche zögerte einen Augenblick. »Ich heiße John Robertson«, antwortete er dann, indem er dabei auf die Seite blickte.

»Nein, nein, den richtigen Namen«, sagte Holmes freundlich. »Mit zweierlei Namen macht man nie gute Geschäfte.«

Eine plötzliche Röte übergoss die weißen Wangen des Burschen. »Nun denn«, sagte er, »mein richtiger Name ist James Ryder.«

»So ist es; erster Hausdiener im Hotel Cosmopolitan. Bitte, steigen Sie nur ein, und ich werde Ihnen jede Auskunft geben können, die Sie wünschen.«

Der kleine Mann blieb stehen und schaute einen um den anderen von uns mit halb ängstlichem, halb hoffnungsvollem Blick an, als wisse er nicht recht, ob er einem unerwarteten Glücksfall oder einer Katastrophe entgegengehe. Dann stieg er in den Wagen ein, und eine halbe Stunde darauf befanden wir uns in der Wohnung meines Freundes. Kein Wort war während der Fahrt gewechselt worden, nur die scharfen, kurzen Atemzüge unseres Begleiters und ein nervöses Auf- und Zuklappen seiner Hände gaben Kunde von der Erregung seines Innern.

»Da wären wir«, sagte Holmes heiter, während wir in das Zimmer traten.

»Das Feuer mutet einem recht angenehm an bei diesem Wetter. Sie sehen erfroren aus, Mr Ryder; bitte, setzen Sie sich in den Sessel. Ich will nur meine Pantoffeln anziehen, ehe wir diese kleine Sache abmachen; nun also, Sie möchten gerne wissen, was aus den Gänsen geworden ist?«

»Jawohl, Herr.«

»Oder besser gesagt aus der Gans, es war doch wohl eine Gans, an der Ihnen gelegen war – weiß, mit schwarzen Streifen auf dem Schwanz.«

Ryder zitterte vor Erregung. »Ach, Herr«, rief er, »können Sie mir sagen, wo die hinkam?«

»Kam hierher.«

»Hierher?«

»Jawohl. Und sie entpuppte sich als ein höchst merkwürdiger Vogel. Es wundert mich gar nicht, dass Sie Interesse für denselben zeigen. Er hat nach seinem Tod ein blaues Ei gelegt, das niedlichste, prächtigste kleine Ei, das je zu sehen war. Ich habe es hier in meiner Sammlung.«

Unser Gast richtete sich unsicher auf und klammerte sich mit der rechten Hand am Kaminrand an.

Holmes schloss seine Kassette auf und hielt den blauen Karfunkel empor, der wie ein Stern in kaltem, glänzendem, blitzendem Feuer strahlte.

Ryder stand mit langem Gesicht da, unschlüssig, ob er den Stein als sein Eigentum ansprechen oder verleugnen sollte.

»Das Spiel ist aus, Ryder«, sagte Holmes ruhig. »Jetzt nicht gefackelt, Mann – oder Sie kommen in Teufels Küche. Helfen Sie ihm wieder auf seinen Stuhl, Watson, er hat nicht Nerv genug zum Spitzbuben. Geben Sie ihm einen Schluck Cognac. So! Nun sieht er ein wenig menschlicher aus. Wahrhaftig, ein rechter Held!«

Einen Augenblick hatte Ryder gewankt und wäre fast gefallen, aber der Branntwein brachte wieder eine Spur von Farbe in seine Wangen, und angstvoll heftete er nun von seinem Stuhl aus die Blicke auf seinen Ankläger.

»Ich habe so ziemlich alle Trümpfe in der Hand und bin im Besitz aller Beweise, die ich etwa brauchen könnte; so können Sie mir eigentlich nur wenig sagen. Und auch dieses Wenige lässt sich auf anderem Weg aufklären, sodass der Zusammenhang vollständig ist. Sie haben doch von diesem blauen Stein der Gräfin Morcar gehört, Ryder?«

»Ja, Katharine Cusack erzählte mir davon«, erwiderte er mit heiserer Stimme.

»Ach freilich, die Kammerzofe der Dame. Nun, die Versuchung, sich auf so leichte Weise mit einem Mal zum reichen Mann zu machen war zu groß für Sie, wie schon oft für bessere Leute als Sie; aber in der Wahl der Mittel waren Sie nicht sehr bedächtig. Ich meine, Ryder, das war ein rechter Schurkenstreich von Ihnen. Sie wussten, dass dieser Klempner Horner früher schon einmal in einen ähnlichen Fall verwickelt war und dass er deshalb umso leichter in Verdacht geraten würde. Was taten Sie also? Sie richteten es mit Ihrer Genossin, der Cusack, so ein, dass im Zimmer der Gräfin eine kleine Reparatur zu besorgen war und dass Horner zu diesem Zweck geholt wurde. Nach seinem Abgang plünderten Sie dann den Schmuckkasten aus, schlugen Lärm und ließen den Unglücklichen festnehmen. Darauf …«

Hier warf sich Ryder plötzlich zu Boden und umfasste die Knie meines Freundes. »Um Gottes willen, haben Sie Erbarmen«, rief er, »denken Sie an meinen Vater, an meine Mutter! Es würde ihnen das Herz brechen! Ich habe noch nie etwas Schlechtes begangen und will es auch nie wieder tun, ich schwöre es. Ich beschwöre es bei allem, was heilig ist. Oh, bringen Sie mich nur nicht vor Gericht, um Christi willen nicht!«

»Setzen Sie sich wieder in Ihren Stuhl«, erwiderte Holmes streng. »Es ist keine Kunst, sich jetzt zu winden und zu krümmen, aber den armen Horner unter ungerechtem Verdacht in Haft zu bringen, das machte Ihnen wenig Kopfzerbrechen.«

»Ich will fliehen, Mr Holmes, ich will außer Landes gehen, dann wird man die Untersuchung gegen ihn einstellen.«

»Hm. Darüber reden wir noch. Und jetzt erzählen Sie uns wahrheitsgemäß, wie es weiterging. Wie kam der Stein in die Gans, und wie kam die Gans auf den Markt? Sagen Sie uns die Wahrheit. Darin liegt für Sie die einzige Hoffnung auf Rettung!«

Ryder fuhr sich mit der Zunge über seine trockenen Lippen. »Ich will es Ihnen erzählen, ganz wie es gegangen ist«, begann er dann. »Als Horner festgenommen war, dachte ich, es werde das Beste für mich sein, mich mit dem Stein ohne Verzug aus dem Staub zu machen, es konnte ja der Polizei jeden Augenblick einfallen, mich und mein Zimmer zu durchsuchen. Im ganzen Bereich des Hotels gab es kein sicheres Versteck dafür. Ich ging deshalb aus als hätte ich etwas zu besorgen und suchte meine Schwester auf. Sie ist an einen namens Oakshott verheiratet und wohnt in der Brixton Road, wo sie Geflügel zum Verkauf mästet. Auf dem ganzen Weg hielt ich jeden, der mir begegnete, für einen Schutzmann oder einen Fahnder, sodass trotz der kalten Nacht der Schweiß an mir herunterlief, noch ehe ich in der Brixton Road war. Meine Schwester fragte mich, was es denn gebe und warum ich so blass sei, aber ich machte ihr weiß, ich habe wegen Diebstahls im Hotel aufbleiben müssen. Dann ging ich in den Hinterhof und dachte bei einer Pfeife darüber nach, was jetzt wohl das Geratenste für mich wäre.

Ich hatte früher einen Freund gehabt namens Maudsley, der auf schlechte Wege geriet und jetzt eben seine Zeit abgesessen hat. Dieser hatte mir eines Tages einmal von den Schlichen der Diebe erzählt und wie sie die gestohlenen Sachen sich aus den Händen schaffen. Ich wusste, dass er mich nicht verraten würde, denn ich wusste auch ein oder zwei Sachen von ihm; so kam ich zu dem Entschluss, ihn ohne Weiteres in Kilburn aufzusuchen und ihn ins Vertrauen zu ziehen. Er würde mir sicher Mittel und Wege zeigen, wie ich den Stein zu Geld machen könnte. Aber wie unbehelligt zu ihm gelangen? Ich dachte an die Schrecken, die ich auf dem Herweg ausgestanden hatte. Jeden Augenblick konnte man mich fassen und durchsuchen, und dann fand man den Stein in meiner Westentasche. Ich hatte unterdessen an der Wand gelehnt und den Gänsen zugeschaut, die mir vor den Füßen herumwatschelten; auf einmal fuhr mir ein Gedanke durch den Kopf, wie ich den schlauesten Detektiv auf der ganzen Welt hinters Licht führen könnte.

Meine Schwester hatte mir ein paar Wochen vorher das Prachtstück von ihren Gänsen auf Weihnachten versprochen, und ich wusste, dass ich jederzeit auf ihr Wort bauen konnte. Diese Gans wollte ich jetzt mitnehmen und in ihrem Kropf meinen Stein nach Kilburn tragen. In dem Hof steht ein kleiner Schuppen und hinter diesen trieb ich eine von den Gänsen, eine schöne, große, weiße mit gestreiftem Schwanz. Ich fing sie ein, sperrte ihr den Schnabel auf und stopfte ihr den Stein in den Hals hinunter, so weit mein Finger reichte. Sie schluckte, und ich fühlte, wie der Stein durch den Schlund in ihren Kropf hinabglitt. Aber sie flatterte und strampelte dermaßen dabei, dass meine Schwester herauskam und fragte, was los sei. Wie ich ihr eben Antwort geben wollte, riss sich das Vieh los und flog mitten unter die anderen hinein.

›Was in aller Welt hast du nur mit der Gans gemacht, James?‹, fragte sie.

›Nun‹, sage ich, ›du hast mir ja eine auf Weihnachten versprochen gehabt, da wollte ich nur fühlen, welche am fettesten sei.‹

›Oh‹, sagt sie, ›die für dich haben wir schon auf die Seite getan, wir heißen sie nur James' Braten, es ist die große weiße dort drüben. Sechsundzwanzig Stück sind's, macht eine für dich, eine für uns und zwei Dutzend für den Markt.‹

›Schönen Dank, Maggie‹, sage ich, ›aber wenn dir's einerlei ist, so möchte ich lieber die haben, die ich eben zwischen den Händen hatte.‹

›Die andere ist gut drei Pfund schwerer‹, sagt sie, ›wir haben sie besonders für dich gemästet.‹

›Einerlei, ich will lieber die andere und will sie jetzt gleich mitnehmen‹, sagte ich darauf.

›Oh, ganz wie du willst‹, sagt sie wieder, ein bisschen verdutzt, ›welche willst du denn also?‹

›Die weiße dort mit dem gestreiften Schwanz, gerade mitten drin.‹

›Oh, ganz recht, tu sie nur ab und nimm sie mit.‹

Nun, so machte ich's auch, Mr Holmes, und nahm die Gans mit nach Kilburn. Ich erzählte meinem Kameraden frischweg, wie ich es gemacht hatte, und er wollte vor Lachen darüber fast ersticken. Wir nahmen dann ein Messer und schnitten die Gans auf. Mir wollte das Herz stehen bleiben, keine Spur von dem Stein war zu finden, und ich wusste jetzt, dass ein schreckliches Versehen vorgekommen war.

Ich ließ die Gans im Stich, rannte zurück zu meiner Schwester und in den Geflügelhof; doch da war kein einziges Stück mehr zu sehen.

›Wo sind sie denn alle hingekommen, Maggie?‹, rufe ich ihr entgegen.

›Zum Händler sind sie gekommen, James.‹

›Zu welchem?‹

›Breckinridge in Covent Garden.‹

›Aber war denn noch eine da mit gestreiftem Schwanz?‹, fragte ich, ›gerade wie die, die ich mir auserwählte?‹

›Freilich, James, zwei waren da mit gestreiftem Schwanz, ich kannte sie nie auseinander.‹

Nun, da war mir denn die ganze Sache klar, und ich rannte, so schnell mich meine Füße tragen wollten, zu diesem Breckinridge. Aber er hatte die ganze Partie gleich weiterverkauft und wollte mir um keinen Preis sagen, an wen. Sie haben ihn ja heute Abend selbst gehört. So hat er mich von Anfang an abgetrumpft. Meine Schwester meint, ich werde noch verrückt; und manchmal kommt es mir selber so vor. Und jetzt – jetzt bin ich als Dieb gebrandmarkt und habe den Reichtum, für den ich meinen ehrlichen Namen verkauft habe, noch nicht von Weitem verschmeckt. Gott steh mir bei! Gott steh mir bei!«

Er begrub sein Gesicht in den Händen und brach in ein krampfhaftes Schluchzen aus. Ein langes Schweigen folgte; nichts unterbrach die Stille als die schweren Atemzüge des Unglücklichen und das taktmäßige Trommeln der Fingerspitzen meines Freundes auf dem Tischrand.

Endlich erhob sich der Letztere und machte die Tür auf.

»Gehen Sie fort«, sagte er.

»Was!? Oh, Gott vergelte es Ihnen!«

»Keine Worte weiter; nur fort!«

Und es bedurfte auch keiner weiteren Worte. Im Nu war er draußen und über die Treppe drunten; man hörte die Tür gehen, und dann verklangen seine eiligen Tritte vor dem Haus.

»Schließlich, Watson«, meinte Holmes, indem er nach seiner Pfeife griff, »bin ich doch nicht gerade dazu bei der Polizei angestellt, um ihr überall nachzuhelfen, wo sie nicht allein fertigwird. Stünde die Sache für Horner bedenklich, so wäre es etwas anderes, aber dieser Bursche wird ja nicht gegen ihn auftreten, und so muss der Fall eingestellt werden. Vielleicht, dass ich ein Unrecht damit begehe, aber es ist auch gerade so gut möglich, dass ich dadurch eine Seele vom Verderben rette. Dieser Bursche wird nichts mehr verbrechen. Seine Angst war zu grässlich. Ihn jetzt ins Gefängnis bringen, hieße ihn für sein ganzes Leben dem Zuchthaus überliefern. Überdies stehen wir ja eben auch in der Gnadenzeit. Der Zufall hat uns einen rätselhaften, merkwürdigen Fall in die Hände gespielt, und in seiner befriedigenden Lösung müssen wir unseren Lohn finden. Wollen Sie so gut sein, die Klingel zu ziehen, dann wollen wir uns an eine Untersuchung anderer Art machen.«

Gilbert Keith Chesterton

Die flüchtigen Sterne

Aus dem Englischen von Rainer Schumacher

»Das großartigste Verbrechen, das ich je begangen habe«,
pflegte Flambeau zu sagen, als er im Alter hochmoralisch
geworden war, »war, wie es der Zufall wollte, auch mein
letztes. Es war an Weihnachten. Als Künstler habe ich
stets darauf geachtet, nur Verbrechen zu begehen, die der
Jahreszeit oder der Landschaft angemessen waren. Die
Kulisse war für mich von allergrößter Bedeutung. Guts-
herren zum Beispiel sollten in mit Eichenholz getäfelten
Räumen über den Tisch gezogen werden, während Geld-
verleiher sich plötzlich ohne einen Penny in der Tasche
unter den Markisen des Café Riche wiederfinden sollten.
Wenn ich in England einen Dekan um seinen Reichtum
bringen wollte (was nicht so einfach ist, wie Sie vermutlich glauben), dann tat ich das inmitten der Grünflächen
und grauen Türme einer Domstadt. In Frankreich wiederum, wenn ich einen reichen und boshaften Bauern
um seinen Besitz erleichtert hatte (was an sich so gut wie

unmöglich ist), bereitete es mir stets große Freude, sein wütendes Gesicht vor einer Reihe sorgfältig gestutzter Pappeln zu sehen, hinter denen sich beseelt vom mächtigen Geist Millets die ehrwürdigen Ebenen Galliens erstrecken.

Mein letztes Verbrechen war nun also ein Weihnachtsverbrechen, ein fröhliches, gemütliches, englisches Mittelklasseverbrechen, ein Verbrechen, wie es der Fantasie eines Charles Dickens hätte entspringen können. Ich beging es in einem guten, alten Mittelklassehaus in Putney, einem Haus mit einer halbmondförmigen Kutscheneinfahrt, einem Haus mit einem Stall daneben und mit dem Namen an den beiden Außentoren, einem Haus mit einer Araukarie. Aber genug davon. Sie kennen diese Spezies. Ich glaube wirklich, dass ich Dickens Stil geschickt und auch literarisch korrekt imitiert habe. Es ist schon fast schade zu nennen, dass ich es noch am selben Abend bereut habe.«

Dann pflegte Flambeau die Geschichte aus seiner Sicht zu erzählen, und selbst aus seiner Sicht war sie seltsam. Von außen betrachtet war sie sogar vollkommen unverständlich, und ein Fremder muss sie zwangsläufig von außen betrachten. Von diesem Standpunkt aus könnte man sagen, dass das Drama an dem Punkt seinen Lauf genommen hatte, da die Türen des Hauses mit dem Stall sich zu dem Garten mit der Araukarie hin geöffnet hatten und ein junges Mädchen mit Brot in der Hand herausgekommen war, um am ersten Weihnachtstag die Vögel zu füttern. Das Mädchen hatte ein hübsches Gesicht und mutige braune Augen, doch ihre Figur konnte man kaum erahnen, denn sie war in braune Pelze gehüllt, sodass man noch nicht einmal mit Bestimmtheit sagen konnte, was Haar war und was Pelz. Doch ihr attraktives Gesicht ließ auf eine schlanke Gestalt schließen.

Gegen Abend rötete sich der Winterhimmel, und ein rubinfarbenes Licht strich über die blumenlosen Beete und füllte sie mit den Geistern toter roter Rosen. Auf einer Seite des Hauses stand ein Stall, und auf der anderen führte ein Kreuzgang aus Lorbeer zu dem größeren Garten hinter dem Gebäude. Nachdem die junge Lady das Brot für die Vögel verstreut hatte (und das zum vierten oder fünften Mal an diesem Tag, denn die Hunde fraßen das Brot immer wieder), ging sie unauffällig die Lorbeergasse hinunter und betrat die glitzernde, immergrüne Pflanzung. Hier seufzte sie voller Staunen – ob aufrichtig oder aus Gewohnheit war nicht zu erkennen –, schaute die hohe Gartenmauer hinauf und sah dort eine fantastische Gestalt.

»Oh, nicht springen, Mr Crook«, rief sie besorgt. »Es ist viel zu hoch.«

Bei der Person, die auf der Grundstücksmauer ritt wie ein fliegendes Pferd, handelte es sich um einen groß gewachsenen jungen Mann mit dunklem, struppigem Haar, intelligenten, distinguierten Gesichtszügen, aber auch mit fahlem, fast unnatürlichem Teint. Letzteres wurde noch von der leuchtend roten Krawatte des Mannes betont, die offenbar das Einzige war, worauf er Wert legte. Vielleicht war sie ja ein Symbol. Ohne das besorgte Flehen des Mädchens zu beachten, sprang er wie ein Grashüpfer neben sie. Dabei hätte er sich durchaus die Beine brechen können.

»Ich glaube, ich bin zum Einbrecher bestimmt«, sagte er bedächtig, »und ohne Zweifel wäre ich auch einer geworden, wäre ich nicht in diesem schönen, netten Haus nebenan geboren worden. Ich sehe auch nichts Schlechtes darin.«

»Wie können Sie so was sagen?«, protestierte das Mädchen.

»Nun«, erwiderte der junge Mann, »wenn man auf der falschen Seite der Mauer geboren ist, dann sehe ich nichts Falsches darin, über sie zu klettern.«

»Hach, ich weiß nie, was Sie als Nächstes sagen oder tun werden«, seufzte das Mädchen.

»Das weiß ich häufig selbst nicht«, erwiderte Mr Crook. »Aber wie auch immer … Jetzt bin ich ja auf der richtigen Seite.«

»Und was genau *ist* die richtige Seite der Mauer?«, fragte die junge Lady und lächelte.

»Die Seite, auf der Sie sind«, antwortete der junge Mann mit Namen Crook.

Als sie gemeinsam zwischen dem Lorbeer hindurch zum vorderen Garten gingen, war dreimal eine Hupe zu hören. Sie kam rasch näher, und schließlich rauschte ein blassgrünes Automobil wie ein Vogel mit beeindruckender Geschwindigkeit und von großer Eleganz zum Haupteingang und hielt dort bebend an.

»Hallo, hallo!«, sagte der junge Mann mit der roten Krawatte. »Dieser Jemand dort ist offenbar auf der richtigen Seite geboren. Miss Adams, ich wusste ja gar nicht, dass Ihr Weihnachtsmann so modern ist.«

»Oh, das ist nur mein Patenonkel, Sir Leopold Fischer. Er kommt immer am ersten Weihnachtstag.«

Dann, nach einer unschuldigen Pause, die unbewusst einen Mangel an Enthusiasmus verriet, fügte Ruby Adams hinzu:

»Er ist sehr nett.«

John Crook, von Beruf Journalist, hatte von diesem berühmten Magnaten aus der großen Stadt gehört, und es war nicht seine Schuld, wenn der Magnat noch nichts von ihm gehört hatte, denn in gewissen Artikeln in *The Clarion* und *The New Age* hatte man sich streng mit Sir Leopold auseinandergesetzt. Doch John Crook schwieg und beobachtete grimmig, wie das Automobil sich in einem langen Prozess leerte. Zunächst stieg ein großer, makellos gekleideter Chauffeur in Grün aus; dann folgte ein kleiner, ebenso makelloser Diener, und gemeinsam führten sie Sir Leopold zur Türschwelle. Dort machten sie sich daran, ihn auszupacken wie ein gut verschnürtes Paket. Genug Decken für einen Basar, Pelze von allerlei

Getier und Schals in allen Farben kamen eins nach dem anderen herunter, bis man schließlich vage eine menschliche Gestalt erkennen konnte, die Gestalt eines freundlichen, aber irgendwie seltsamen, alten Gentleman mit grauem Spitzbart, der sich mit einem strahlenden Lächeln die Pelzhandschuhe rieb.

Lange bevor all dies enthüllt war, öffneten sich die beiden großen Türen der Terrasse, und Colonel Adams (der Vater der pelzigen jungen Dame) trat höchstpersönlich heraus, um seinen bedeutenden Gast hereinzubitten. Colonel Adams war ein großer, sonnengebräunter und sehr stiller Mann, der eine rote Hauskappe trug wie einen Fez, was ihm das Aussehen eines britischen Sirdars oder Paschas in Ägypten verlieh. Ihn begleitete sein Schwager, der vor Kurzem aus Kanada gekommen war, ein großer, lauter, junger Gentleman mit blondem Bart namens James Blount, den die Familie bis dato nur selten zu Gesicht bekommen hatte. Ferner war da noch die eher unbedeutende Gestalt eines Priesters aus der benachbarten römisch-katholischen Kirche, denn die verstorbene Gattin des Colonels war katholischen Glaubens gewesen, und wie es in solchen Fällen Usus ist, waren die Kinder im Glauben der Mutter erzogen worden. Alles an diesem Priester wirkte gewöhnlich bis hin zu seinem Namen: Brown. Dennoch hatte der Colonel seine Gesellschaft schon immer sehr genossen, und so bat er ihn auch häufig zu solchen Familientreffen.

In der großen Eingangshalle des Hauses gab es genügend Platz, selbst für Sir Leopold und all die Stoffe und Pelze, die langsam von seinem Leib geschält wurden. Tatsächlich waren Terrasse und Vestibül im Verhältnis zum Rest des Hauses unangemessen groß und bildeten gemeinsam einen zusammenhängenden Raum, der von der Eingangstür bis zum Fuß der großen Treppe reichte. Vor dem großen Kaminfeuer, über dem der Säbel des Colonels hing, fand der Prozess sein Ende, und die Gesellschaft wurde Sir Leopold Fischer vorgestellt, einschließlich des hämischen Crook. Der ehrenwerte Financier schien jedoch noch immer mit Teilen seiner üppigen Garderobe zu kämpfen, bis er schließlich ein schwarzes ovales Kästchen aus den tiefsten Tiefen seiner Fracktaschen zog und erklärte, das sei das Weihnachtsgeschenk für seine Patentochter. Mit naivem Stolz, der etwas Entwaffnendes an sich hatte, präsentierte er das Kästchen den anderen, öffnete es und blendete sie fast damit. Es war, als würde ein Kristallspringbrunnen ihnen seine Tropfen entgegenschleudern. In einem Nest aus orangefarbenem Samt lagen drei Eier, drei funkelnde Diamanten, die die Luft um sie herum förmlich zu entflammen schienen. Fischer strahlte wohlwollend und sog das Staunen und die Ekstase des Mädchens glücklich auf, genauso wie den grimmigen Dank des Colonels und die Verblüffung des Rests der Gruppe.

»Ich stecke sie erst mal wieder weg, meine Liebe«,

sagte Fischer und ließ das Kästchen wieder in seinem Frack verschwinden. »Ich musste auf dem Weg gut auf sie aufpassen. Das sind die drei großen afrikanischen Diamanten, die man die ›Flüchtigen Sterne‹ nennt, denn sie wurden schon oft gestohlen. Alle großen Verbrecher sind hinter ihnen her. Selbst die rauen Männer in den Straßen und Hotels können sich kaum zurückhalten, wenn sie sie sehen. Ich hätte sie durchaus auf der Fahrt verlieren können.«

»Das ist nur natürlich, würde ich sagen«, knurrte der Mann mit der roten Krawatte. »Ich könnte es niemandem zum Vorwurf machen, wenn er sie sich nimmt. Wenn jemand nach Brot fragt und Sie ihm noch nicht einmal einen Stein geben, dann könnte diese Person durchaus in die Versuchung geraten, sich den Stein selbst zu nehmen.«

»So etwas will ich gar nicht hören«, rief das Mädchen, das von einer seltsamen Aufregung befallen zu sein schien. »Seit Sie *so* ein … so ein Wie-heißt-das-noch geworden sind, reden Sie immer so. Sie wissen schon, was ich meine. Wie nennt man noch mal jemanden, der selbst die schmutzigsten Leute umarmen will?«

»Einen Heiligen«, antwortete Father Brown.

»Ich denke«, sagte Sir Leopold und lächelte herablassend, »was Ruby meint, ist ein Sozialist.«

»Ein Radikaler zu sein, bedeutet nicht, dass man von Rettich leben muss«, bemerkte Crook mit einem Hauch von Ungeduld in der Stimme, »und ein Konservativer ist nicht zwingend jemand, der Früchte als Marmelade konserviert. Ebenso kann ich Ihnen versichern, dass ein Sozialist nicht notwendigerweise den Abend mit Menschen verbringen will, denen es an Hygiene mangelt. Ein Sozialist ist schlicht jemand, der will, dass alle Menschen ihren gerechten Lohn bekommen, sodass sie sich auch ein Bad leisten können.«

»Aber«, warf der Priester mit leiser Stimme ein, »zugleich gönnt er niemandem auch nur den Ruß im Kamin. Alles gehört allen.«

Crook schaute ihn interessiert und auch mit einem Hauch von Respekt an. »Welcher Mensch will denn schon den Ruß im Kamin?«, erwiderte er.

»Oh, der ein oder andere könnte ihn schon gebrauchen«, antwortete Father Brown. »Ich habe gehört, dass Gärtner Ruß zu Dünger verarbeiten. Und ich habe tatsächlich einmal zu Weihnachten sechs Kinder damit glücklich gemacht, als der Zauberer nicht zu ihrer Feier erschienen ist. Alles, was es dazu brauchte, war ein wenig Ruß zur äußerlichen Anwendung.«

»Oh, wie schön!«, rief Ruby. »Ich wünschte, das würden Sie auch hier machen.«

Mr Blount, der prahlerische Kanadier, hob zustimmend die laute Stimme, und der erstaunte Financier stimmte in den Ruf mit ein, wenn auch eher entrüstet. In diesem Moment klopfte es an der großen Doppeltür. Der Priester öffnete, und erneut war der Blick frei auf den Ilex und die Araukarie, die sich deutlich vor dem prachtvoll violetten Sonnenuntergang abzeichneten. Die Szenerie war so farbenfroh und idyllisch wie die Kulisse in einem Theaterstück, dass die Anwesenden kurz die unbedeutende Gestalt in der Tür vergaßen. Dort stand ein staubiger Mann in einem ausgefransten Mantel, offenbar ein Bote. »Gentlemen, ist einer von Ihnen Mr Blount?«, fragte er und hielt misstrauisch einen Brief in die Höhe. Mr Blount zuckte erschrocken. Rasch griff er nach dem Brief, riss ihn auf und las. Sein Staunen war ihm deutlich anzusehen. Dann zwinkerte er kurz mit den Augen, und schließlich drehte er sich wieder zu seinem Schwager und Gastgeber um.

»Es ist mir zutiefst zuwider, Ihnen derart zur Last zu fallen, Colonel«, sagte er auf seine fröhliche, koloniale Art, »aber würde es Ihnen etwas ausmachen, wenn mich heute Abend ein alter Bekannter hier aus geschäftlichen Gründen besucht? Tatsächlich handelt es sich dabei um Florian, den berühmten französischen Akrobaten und komischen Schauspieler. Ich habe ihn vor Jahren tief im Westen kennengelernt – er ist von Geburt Frankokanadier –, und er hat wohl etwas Geschäftliches mit mir zu besprechen, auch wenn ich mir nicht vorstellen kann, was.«

»Natürlich, natürlich«, erwiderte der Colonel sorglos. »Ihre Freunde sind hier jederzeit willkommen. Ohne Zweifel wird er sich als Bereicherung für unsere kleine Gesellschaft erweisen.«

»Der wird sich mit Sicherheit schwarz anmalen, wenn es das ist, was Sie meinen«, lachte Blount. »Und ich zweifele nicht daran, dass er Ihnen etwas vorspielen wird. Mir ist das egal. Ich bin nicht so anspruchsvoll. Ich mag die gute, alte Pantomime, und es kann durchaus ein wenig derber sein. Soll er sich ruhig auf einen Zylinder setzen.«

»Nur bitte nicht auf meinen«, warf Sir Leopold Fischer in würdevollem Ton ein.

»Ach, Gott«, seufzte Crook, »lassen Sie uns nicht streiten. Es gibt schlechtere Witze, als sich auf einen Zylinder zu setzen.«

Der Jüngling mit der roten Schleife hatte wegen seiner räuberhaften Ansichten und seiner offenkundigen Vertrautheit mit der hübschen Patentochter ohnehin schon das Missfallen von Sir Leopold erregt, und so sagte der distinguierte Financier nun in spöttisch-belehrendem Ton: »Ja, Sie haben ohne Zweifel schon Schlimmeres gesehen als einen Mann, der sich auf einen Zylinder setzt. Was ist es, bitte …?«

»Schlimmer wäre es zum Beispiel, wenn der Zylinder auf Ihnen sitzt«, entgegnete der Sozialist.

»Bitte, Gentlemen«, rief der kanadische Farmer mit barbarischem Wohlwollen, »verderben Sie diesen schönen Abend nicht. Lassen Sie uns lieber etwas für die Geselligkeit tun … natürlich nicht das Gesicht schwärzen oder sich auf einen Zylinder setzen, aber so etwas in der

Art. Was halten Sie von einer guten, alten, englischen Pantomime? Komplett mit Clown und Columbine? Ich habe mal eine gesehen, kurz bevor ich England im Alter von zwölf Jahren verlassen habe, und diese Erinnerung hat sich mir für alle Zeiten eingeprägt. Als ich letztes Jahr wieder zurückgekehrt bin, habe ich feststellen müssen, dass die Tradition so gut wie ausgestorben ist. Heutzutage werden nur noch irgendwelche dummen Märchen aufgeführt. Ich will einen rot glühenden Schürhaken und einen Polizisten, der durch die Mangel gedreht wird, doch was bekomme ich stattdessen? Prinzessinnen, die im Mondlicht moralisieren, und dazu irgendwelche dummen Vögel. Blaubart ist da eher mein Geschmack, vor allem, wenn er sich in einen Hanswurst verwandelt.«

»Also ich bin eindeutig dafür, Polizisten durch die Mangel zu drehen«, sagte John Crook. »Das ist eine weit bessere Definition des Sozialismus als die, die ich gerade habe hören müssen. Aber ich denke, das Ganze wäre nun doch ein wenig aufwendig.«

»Nicht im Mindesten«, widersprach Blount. Er war bereits ganz Feuer und Flamme. »Eine Harlekinade geht ganz schnell, und zwar aus zwei Gründen. Erstens kann jeder improvisieren, wie er will, und zweitens haben wir alle notwendigen Requisiten im Haus: Tische, Kellen, Waschkörbe ...«

»Das stimmt«, räumte Crook ein und nickte eifrig. »Aber ich fürchte, mit einer Polizeiuniform kann ich nicht dienen. In letzter Zeit habe ich leider keinen umgebracht.«

Blount legte nachdenklich die Stirn in Falten. »Oh, das ist kein Problem«, erklärte er schließlich. »Ich habe hier Florians Adresse, und Florian kennt jeden Kostümschneider in London. Ich werde ihn anrufen und bitten, eine Uniform mitzubringen.« Sofort machte er sich auf den Weg zum Telefon.

»Oh, das ist einfach wunderbar, Onkel«, rief Ruby. Sie tanzte fast. »Ich spiele die Columbine und Sie den Hanswurst.«

Der Millionär straffte die Schultern. »Meine Liebe«, sagte er mit fast heidnischer Würde, »ich fürchte, du musst dir einen anderen für den Hanswurst suchen.«

»Das kann ich machen, wenn du willst«, sagte Colonel Adams und nahm die Zigarre aus dem Mund.

»Florian hat sich wahrlich ein Denkmal verdient«, verkündete der Kanadier, als er freudestrahlend vom Telefon zurückkehrte. »Wir haben alles, was wir brauchen. Mr Crook wird den Clown spielen. Er ist Journalist und kennt all die alten Witze. Ich kann den Hanswurst darstellen, der einfach nur lange Beine haben will, um damit herumzuspringen. Und das mit der Polizei sei kein Problem, hat mein Freund Florian gesagt. Er wird sich auf dem Weg schon umziehen. Wir können hier in dieser Halle spielen, und die Zuschauer nehmen dort auf den Stufen Platz, eine Reihe über der anderen. Die Eingangstür wird unsere Kulisse sein, offen und geschlossen. Geschlossen sehen wir das Innere eines typischen, englischen Hauses und offen einen mondbeschienenen Garten. Das wird magisch.« Er holte ein Stück Billardkreide aus der Tasche und zog damit eine Linie mitten durch den Raum zwischen Tür und Treppe. Dort sollten Vorhang und Rampenlichter sein.

Wie es gelingen sollte, ein solch absurdes Theater in so kurzer Zeit aufzuziehen, blieb ein Rätsel; doch sie machten sich mit einer Mischung aus Tollkühnheit und Eifer ans Werk, wie sie nur entstehen kann, wenn die Jugend im Haus lebt. Wie immer bei solchen Gelegenheiten gerieten die Improvisationen immer wilder und wilder dank der bürgerlichen Konventionen, auf denen sie aufbauten. Die Columbine sah ausgesprochen charmant aus in ihrem prachtvollen Rock, der dem großen Lampenschirm aus dem Salon seltsam ähnelte. Der Clown und der Hanswurst schminkten ihre Gesichter weiß mit Mehl aus der Küche, und das Rot für die Wangen stammte von einem weiteren Mitglied der Dienerschaft, das jedoch wie alle christlichen Wohltäter lieber anonym bleiben wollte. Der Harlekin wiederum, der bereits mit Silberpapier aus Zigarrenkisten geschmückt war, konnte nur mit Mühe davon abgehalten werden, den alten, viktorianischen Leuchter zu zerschlagen, um so an die funkelnden Kristalle zu gelangen. Und er hätte das tatsächlich gemacht, hätte Ruby nicht noch ein paar Glassteine ausgegraben, die sie einmal auf einem Kostümfest als Karokönigin getragen hatte. Tatsächlich war James Blount, ihr Onkel, geradezu außer sich vor Aufregung, wie ein Schuljunge. Unerwartet setzte er Father Brown einen Eselskopf auf, und der Priester ertrug das nicht nur geduldig, sondern fand auch einen Weg, die Ohren zu bewegen. Der Kanadier schlug sogar vor, Sir Leopold Fischer den Papierschwanz an den Frack zu heften, doch diese Idee wurde entrüstet abgelehnt. »Mein Onkel ist wirklich verrückt«, rief Ruby zu Crook, dem sie einen Ring Wurst um den Hals gehängt hatte. »Warum ist er nur so wild?«

»Er ist der Hanswurst Ihrer Columbine«, sagte Crook. »Ich bin nur der Clown, der sich dann und wann mal einen Scherz erlaubt.«

»Ich wünschte, Sie wären der Hanswurst«, sagte Ruby und ließ den Wurstring schwingen.

Father Brown, der jedes Detail dessen kannte, was hinter der Bühne vor sich ging, und sogar ein wenig Applaus bekommen hatte, als er ein Kissen in ein Baby für die Pantomime verwandelt hatte, ging nach vorne und setzte sich voller Erwartung wie ein Kind bei seiner ersten Matinee zwischen die Zuschauer. Das Publikum war klein: Verwandte, ein, zwei Freunde aus dem Ort und die Dienerschaft. Sir Leopold saß in der ersten Reihe, und seine massive Gestalt, die nach wie vor ein Pelzkragen zierte, verstellte fast vollkommen den Blick auf den kleinen Kirchenmann hinter ihm. Allerdings haben die Kunstkritiker sich bis heute nicht darauf geeinigt, ob dem kleinen Kirchenmann dadurch wirklich etwas entgangen ist. Die Pantomime war das reinste Chaos, aber auch nicht zu verachten. Sie war von einem wahren Sturm der Improvisation geprägt, der größtenteils von Crook dem Clown ausging. Er war auch im echten Leben schon ein kluger Mann, und an diesem Abend inspirierte ihn eine wilde Allwissenheit, eine Torheit weiser als die Welt, wie sie nur ein junger Mann haben kann, der für einen Augenblick einen bestimmten Ausdruck auf einem bestimmten Gesicht gesehen hat. Er sollte der Clown sein, doch tatsächlich war er fast alles andere: der Autor (sofern es so etwas hier gab), der Souffleur, der Kulissenmaler, der Bühnentechniker und vor allem das Orchester. In willkürlichen Abständen stürzte er sich in vollem Kostüm auf das Klavier und hämmerte irgendeine populäre Musik in die Tasten, die gleichermaßen absurd und passend wirkte.

Den Höhepunkt von alledem bildete der Moment, da die beiden großen Außentüren, die als Kulisse dienten, aufflogen und den Blick auf den wunderschönen, mondbeschienenen Garten freigaben; doch aus alldem stach der berühmte, professionelle Gast noch heraus: der große Florian in einer Polizeiuniform. Der Clown am Klavier spielte den Wachtmeisterchor aus den *Piraten von Penzance,* aber die Musik ging im ohrenbetäubenden Applaus unter, denn jede Geste des großen, komischen Schauspielers war eine bewundernswert echte und zugleich zurückgenommene Parodie von Haltung und Verhalten echter Polizeibeamter. Der Harlekin stürzte sich auf ihn und schlug ihn auf den Helm, und als der Pianist *Where did you get that hat?* spielte, drehte Florian sich in hervorragend gespieltem Staunen um, und der Harlekin schlug ihn erneut (was der Pianist mit ein paar Takten aus *Then we had another one* unterstrich). Dann sprang der Harlekin dem Polizisten mitten in die Arme, und gemeinsam gingen sie unter tosendem Applaus zu Boden. Anschließend spielte der berühmte Schauspieler den Toten so gut, dass man noch heute in Putney davon redet. Es war schier nicht zu glauben, dass ein lebender Mensch so schlaff sein konnte.

Der athletische Harlekin schwang ihn herum wie einen Sack oder eine indianische Keule, und die ganze Zeit über ertönten aufreizend absurde Melodien vom Klavier. Als der Harlekin den komischen Polizisten vom Boden hievte, spielte der Clown: *I arise from dreams of thee*; als er ihn sich über die Schulter warf, ertönte *With my bundle on my shoulder*, und als der Harlekin den Polizisten mit einem äußerst überzeugenden Knall wieder zu Boden fallen ließ, spielte der Irre am Klavier einen Jingle und sang dabei ein paar Worte, von denen die Zuschauer bis heute glauben, dass sie wie folgt lauteten: »Ich habe meiner Liebsten einen Brief geschrieben und ihn auf dem Weg fallen lassen.«

An dieser Grenze geistiger Anarchie wurde Father

Brown vollends der Blick verstellt, denn der große Financier aus der Stadt, der vor ihm saß, sprang auf, erhob sich zu seiner vollen Größe und wühlte wie ein Wilder in seinen Taschen herum. Dann setzte er sich wieder, fummelte weiter und stand wieder auf. Einen Augenblick lang sah es so aus, als wolle er über die Lichter springen, die die Bühnenbegrenzung darstellten, doch dann funkelte er einfach nur den Clown am Klavier an und stapfte stumm aus dem Raum.

Der Priester sah nur noch ein paar weitere Minuten des absurden, aber nicht uneleganten Tanzes des Amateurharlekins über seinem so wunderbar bewusstlosen Feind. Mit echter, wenn auch grobschlächtiger Kunst tanzte der Harlekin langsam rückwärts zur offenen Tür und in den Garten hinaus, der nach wie vor vollkommen still im Mondlicht lag. Das aufgeblasene Kleid aus Silberpapier und Kleister, das im Licht des Raums viel zu grell gewesen war, wirkte nun immer magischer, je weiter weg es im Mondschein tanzte. Als das Publikum das Spiel mit donnerndem Applaus abrundete, spürte Father Brown eine Hand auf seinem Arm, und er wurde im Flüsterton gebeten, ins Arbeitszimmer des Colonels zu kommen.

Father Brown folgte dem Ruf mit wachsendem Zweifel, und daran änderte auch die feierliche Komik der Szene im Arbeitszimmer nichts. Dort saß Colonel Adams, noch immer als Hanswurst verkleidet. Das Fischbein wippte an seiner Stirn, doch seine armen alten Augen blickten traurig genug, um selbst ein Bacchanal zu ernüchtern. Sir Leopold Fischer lehnte am Kamin und schnappte panisch nach Luft.

»Da ist eine äußerst unangenehme Angelegenheit, Father Brown«, sagte Adams. »Die Wahrheit ist, dass diese Diamanten, die wir alle heute Nachmittag gesehen haben, mit einem Mal aus der Tasche meines Freundes verschwunden sind. Und da Sie …«

»Da ich direkt hinter ihm saß …«, vervollständigte Father Brown und grinste breit.

»So etwas würde ich nie auch nur andeuten«, erklärte Colonel Adams und warf einen strengen Blick zu Sir Leopold, was darauf schließen ließ, dass dieser Fall durchaus schon diskutiert worden war. »Ich möchte Sie nur bitten, mir ein wenig entgegenzukommen, wie es unter Gentlemen üblich ist.«

»Was heißt, ich soll die Taschen umkehren«, sagte Father Brown und tat genau das. Sechsundsiebzig Pence kamen dabei zum Vorschein sowie eine Rückfahrkarte, ein kleines Silberkreuz, ein Brevier und ein Schokoladenriegel.

Der Colonel schaute ihn lange an und sagte dann: »Wissen Sie, ich würde lieber den Inhalt Ihres Kopfes als Ihrer Taschen sehen. Meine Tochter gehört zu Ihren Leuten, ich weiß. Allerdings hat sie letztens …« Er hielt inne.

»Allerdings hat sie letztens das Haus ihres Vaters einem Halsabschneider von Sozialisten geöffnet«, schrie der alte Financier. »Und der gibt unumwunden zu, dass er einem reichen Mann alles stehlen würde. Mehr gibt es dazu nicht zu sagen. Hier steht dieser reiche Mann ... der nun nicht mehr ganz so reich ist.«

»Wenn Sie das Innere meines Kopfes sehen wollen, dann nur zu«, sagte Father Brown müde. »Später können Sie mir dann ja sagen, was er wert ist, aber jetzt gilt es erst einmal Folgendes festzustellen: Männer, die Diamanten stehlen, reden nicht von Sozialismus. Tatsächlich«, fügte er schüchtern hinzu, »verteufeln sie ihn eher.«

Die beiden Gentlemen zuckten unwillkürlich zusammen, und der Priester fuhr fort:

»Wir kennen diese Menschen mehr oder weniger. Dieser Sozialist würde einen Diamanten genauso wenig stehlen wie eine Pyramide. Stattdessen sollten wir uns lieber den einen Mann ansehen, den wir *nicht* kennen, den Mann, der den Polizisten spielt: Florian. Ich frage mich, wo er gerade steckt.«

Der Hanswurst sprang auf und marschierte aus dem Raum. Dem folgte ein Zwischenspiel, währenddessen der Millionär den Priester anstarrte und der Priester in seinem Brevier las. Dann kehrte der Hanswurst wieder zurück und sagte in ernstem *staccato*: »Der Polizist liegt noch immer auf der Bühne. Der Vorhang ist schon sechsmal gefallen und wieder aufgegangen, aber er liegt noch immer da.«

Father Brown ließ das Buch sinken und starrte zutiefst

getroffen ins Leere. Dann kehrte langsam das Licht in seine grauen Augen zurück, und was er dann sagte, war nicht gerade offensichtlich.

»Bitte, verzeihen Sie, Colonel, aber wann genau ist Ihre Frau gestorben?«

»Meine Frau?«, erwiderte der Soldat und riss die Augen auf. »Das war erst dieses Jahr, vor zwei Monaten. Ihr Bruder James hat sie leider nicht mehr sehen können. Er kam eine Woche zu spät.«

Der kleine Priester sprang los wie ein getroffener Hase. »Kommen Sie!«, rief er ungewöhnlich aufgeregt. »Kommen Sie! Wir müssen uns diesen Polizisten ansehen!«

Sie liefen auf die inzwischen verhüllte Bühne, drängten sich grob an der Columbine und dem Clown vorbei (die recht zufrieden miteinander flüsterten), und Father Brown beugte sich über den am Boden liegenden, komischen Polizisten.

»Chloroform«, verkündete er, als er sich wieder erhob. »Auf die Idee bin ich gerade erst gekommen.«

Eine überraschte Stille senkte sich über die Anwesenden. Dann bat der Colonel: »Bitte, sagen Sie uns im Ernst, was das alles zu bedeuten hat.«

Plötzlich brüllte Father Brown vor Lachen, verstummte aber sofort wieder und unterdrückte dann und wann nur noch ein Kichern während seiner Rede. »Gentlemen«, begann er, »wir haben nicht viel Zeit. Ich muss dem Verbrecher hinterher. Aber dieser großartige, französische

Schauspieler, der den Polizisten gespielt hat, diese kluge Leiche, mit der der Harlekin getanzt und die er umhergewirbelt hat, dieser Mann hier war ...« Erneut versagte ihm die Stimme, und er machte auf dem Absatz kehrt, um loszulaufen.

»Dieser Mann war ...?«, hakte Fischer nach.

»Dieser Mann war ein echter Polizist«, sagte Father Brown und lief in die Dunkelheit.

Am äußersten Ende des dicht belaubten Gartens gab es Lücken und Lauben, in denen Lorbeer und anderes immergrünes Gesträuch sich vor dem saphirblauen Himmel und silbernen Mond abzeichneten. Selbst mitten im Winter waren die Farben hier so warm wie im Süden.

Die grüne Pracht des sich wiegenden Lorbeers, das üppige Violett der Nacht und der Mond, der wie ein riesiger Kristall funkelte, bieten gemeinsam ein geradezu unverantwortlich romantisches Bild, und zwischen den obersten Ästen der Gartenbäume klettert eine seltsame Gestalt, die allerdings weniger romantisch, sondern vielmehr unmöglich wirkt. Sie funkelt vom Kopf bis zu den Füßen, als wäre sie in eine Million Monde gekleidet. Und der echte Mond fängt jede ihrer Bewegungen ein und lässt einen anderen Teil von ihr aufflammen. Aber die Gestalt schwingt sich funkelnd und erfolgreich von einem kleinen Baum in diesem Garten zu einem großen in einem anderen. Dort hält sie nur inne, weil ein Schatten unter den kleineren Baum gehuscht ist und der Gestalt zuruft.

»Nun denn, Flambeau«, sagt die Stimme. »Sie gleichen in der Tat einem flüchtigen Stern, doch flüchtige Sterne sind zugleich auch immer fallende.«

Die silberne, funkelnde Gestalt im Baum scheint sich in den Lorbeer vorzubeugen und lauscht dem kleinen Schatten unten voller Vertrauen in die eigene Flucht.

»Sie waren nie besser, Flambeau. Es war sehr clever von Ihnen, aus Kanada zu kommen (mit einem Fahrschein aus Paris, nehme ich an), und das genau eine Woche nach dem Tod von Mrs Adams, als niemand in der Stimmung war, Fragen zu stellen. Und es war sogar noch klüger, die ›Flüchtigen Sterne‹, aufzuspüren und den genauen Ankunftstag von Sir Leopold herauszufinden. Doch was dann folgte, war nicht einfach nur clever, sondern geradezu genial. Ich nehme an, der Diebstahl an sich stellte keinerlei Problem für Sie dar. Das hätten Sie auch mit irgendeinem Taschenspielertrick machen können. Dafür brauchte es nicht den Versuch, Sir Leopold einen Papierschwanz an den Frack zu heften. Aber mit dem Rest haben Sie sich wahrlich selbst übertroffen.«

Die silbrige Gestalt zwischen den grünen Ästen ist wie hypnotisiert. Obwohl die Flucht ein Leichtes wäre, starrt sie den Mann unten an.

»Oh, ja«, sagt der Mann unten, »ich weiß alles. Ich weiß, dass Sie nicht nur die Pantomime erzwungen haben, Sie haben sie auch einem doppelten Zweck zugeführt. Sie wollten die Steine in aller Stille an sich nehmen, doch ein Komplize hat Ihnen zugetragen, dass man Sie bereits in Verdacht hatte, weshalb auch ein Beamter auf Sie angesetzt war, um Sie just in dieser Nacht zu stellen. Ein einfacher Dieb wäre vermutlich dankbar für die Warnung gewesen und geflohen, doch Sie sind ein Poet. Sie hatten bereits den cleveren Plan, die Edelsteine inmitten gläsernen Bühnenschmucks zu verstecken. Sie erkannten, dass das Auftauchen eines Polizisten hervorragend zur Gestalt des Harlekins passte. So brach der tapfere Beamte vom Revier in Putney auf, um Sie zu finden, und geriet in die seltsamste Falle, die je gestellt worden ist. Als die Eingangstür sich öffnete, trat er mitten auf die Bühne einer Weihnachtspantomime, wo der tanzende Harlekin ihn unter dem tosenden Applaus der respektabelsten Leute von Putney trat, schlug und betäubte. Oh, Sie werden nie mehr etwas Großartigeres leisten. Und jetzt können Sie mir übrigens die Steine wieder zurückgeben.«

Der grüne Ast, auf dem die glitzernde Gestalt hockte, raschelte erstaunt, doch die Stimme fuhr fort:

»Ich möchte, dass Sie sie wieder zurückgeben, Flambeau, und ich möchte auch, dass Sie diesem Leben abschwören. Sie haben noch immer Ihre Jugend, Ihre Ehre und Ihren Humor. Begehen Sie nicht den Fehler zu glauben, dass das in diesem Beruf so bleiben wird. Ein Mann vermag das Gute in sich ja auf immer gleicher Stufe zu bewahren, doch niemand war je in der Lage, auch das Böse auf einer Stufe zu halten. Diese Straße führt immer nur nach unten. Der freundliche Mann trinkt und wird grausam; der ehrliche Mann tötet und leugnet es. So manch einer, den ich gekannt habe, hat so wie Sie als ehrlicher Räuber begonnen, als lustiger Geselle, und zu guter Letzt sind sie alle im Dreck gelandet. Maurice Blum hat als Anarchist begonnen, als ein Mann mit Prinzipien, als Vater der Armen. Doch sein Leben beendete er als schmieriger Spion und Maulwurf, den beide Seiten gleichermaßen verachteten. Harry Burke begann seine Bewegung des Freien Geldes als ehrlicher Mann; jetzt melkt er seine halb verhungerte Schwester, um sich mit Brandy zu versorgen. Lord Amber begab sich mit ritterlichen Absichten in die übelsten Kreise, und jetzt erpressen ihn die schlimmsten Geier Londons. Captain Barillon war lange vor Ihrer Zeit ein großer Gentlemanverbrecher. Schreiend aus Angst vor Spitzeln und Hehlern, die ihn gejagt und verraten haben, starb er in einem Irrenhaus. Ich weiß, dass der Wald hinter Ihnen Freiheit verspricht, Flambeau. Ich weiß, dass Sie von einem Augenblick auf den anderen wie ein Affe darin verschwinden können. Doch eines Tages werden auch Sie ein alter grauer Affe sein, Flambeau. Sie werden mit kaltem Herzen in Ihrem freien Wald sitzen, dem Tode nahe, und die Wipfel über Ihnen werden kahl sein.«

All das ging immer weiter, als halte der kleine Mann unten den anderen oben im Baum an einer unsichtbaren Leine, und er fuhr fort:

»Ihr Weg nach unten hat begonnen. Sie haben stets damit geprahlt, keine Gemeinheit zu begehen, doch genau das tun Sie heute Abend. Sie haben den Verdacht auf einen ehrlichen Jungen gelenkt, gegen den ohnehin schon genug spricht. Sie trennen ihn von der Frau, die er liebt und umgekehrt. Und wenn Sie jetzt nicht umkehren, werden Sie schon bald noch viel größere Gemeinheiten begehen.«

Drei funkelnde Diamanten fielen aus dem Baum und auf die Erde. Der kleine Mann bückte sich, um sie aufzuheben, und als er wieder in den grünen Käfig des Baums schaute, da war da kein silberner Vogel mehr.

Die Rückgabe der Edelsteine (die ausgerechnet Father Brown gefunden hatte, und das natürlich rein zufällig) beendete einen triumphalen Abend, und ein bestens gelaunter Sir Leopold erklärte dem Priester sogar, dass er selbst zwar eine offenere Sicht der Dinge habe, doch durchaus auch jene respektiere, deren Glaube von ihnen verlange, abgeschieden von der Welt zu leben.

Edgar Wallace

Die Chopham-Affäre

Aus dem Englischen von Rainer Schumacher

Juristen, die Bücher schreiben, sind bei ihren Kollegen in der Regel nicht gerade beliebt, doch Archibald Lenton, der brillanteste Rechtsanwalt seiner Zeit, stellte in dieser Hinsicht eine Ausnahme dar. Er führte Tagebuch über seine Fälle und veröffentlichte von Zeit zu Zeit Auszüge davon. Seine Theorie zur Chopham-Affäre hat er jedoch nicht publiziert, obwohl ich glaube, dass er eine formuliert hat. Ich präsentiere ihm hier die Fakten und die Wahrheit über Alphonse Riebiera, bisweilen auch Alphonso genannt.

Das war ein Mann, der bei den Frauen gut ankam, besonders bei solchen, die noch nicht allzu viel lebensweltliche Erfahrung besaßen. Er bezeichnete sich selbst als Spanier, obwohl sein Reisepass von einer südamerikanischen Republik ausgestellt worden war. Manchmal verteilte er Visitenkarten, auf denen »Le Marquis de Riebiera« stand, das aber nur zu besonderen Gelegenheiten.

Er war jung, hatte einen olivfarbenen Teint und makellose Gesichtszüge, und wann immer er lächelte, entblößte er zwei Reihen blendend weißer Zähne. Auch empfand er es als vorteilhaft, seine Erscheinung immer wieder zu verändern. Zum Beispiel: Wenn er als Tänzer in einem ägyptischen Hotel arbeitete, dann trug er einen Backenbart, der sein jugendliches Aussehen seltsamerweise noch betonte. Im Casino in Enghien, wo er irgendwie den Job des Croupiers ergattert hatte, hat er sich mit einem kleinen schwarzen Schnurrbart geschmückt. Respektable, nüchterne und fantasielose Beobachter seiner vielen Abenteuer waren erstaunt und verärgert zugleich, wenn sie sahen, wie die Frauen auf ihn reagierten. Allerdings fällt es wohl jedem Mann, nicht nur den fantasielosen, schwer, die attraktiven Qualitäten eines erfolgreichen Liebhabers zu erkennen.

In jedem Fall verfielen ihm die unwahrscheinlichsten Frauen und bereuten es später. So kam eine Zeit, da er zum Gast jener Etablissements wurde, wo er einst nur der bescheidenste und unzuverlässigste Diener gewesen war, eine Zeit, da er wie ein König in Hotels lebte, die ihm früher nur wenige Piaster pro Tanz gezahlt hatten. Diamanten zierten seine makellosen Hemden, und hübsche Maniküren, denen er stets mehr zusteckte als ihm früher seine einstigen Tanzpartnerinnen, kümmerten sich um seine Fingernägel. Es gibt da eine bestimmte Art von wahrhaft ekelhaften Männern, die in den billigen Cafés auf dem nicht eleganten Ufer der Seine Domino spielen und erstaunlich gute Nachrichtenquellen sind. Sie wissen, wo die seltsamsten Leute leben, und sie haben stets offen über Alphonse gesprochen. Sie konnten einem von dicken Einschreiben erzählen, die Alphonse in seiner Wohnung am Boulevard Haussman erreichten – auch wenn der Himmel allein weiß, wie sie an diese Informationen gekommen sind. Diese Einschreiben enthielten jede Menge Geld und verzweifelte Briefe, in denen es in verschiedenen Sprachen hieß: »Ich kann dir nichts mehr schicken. Das ist das letzte Mal.« Doch sie schickten immer mehr.

Alphonse hatte ein gut organisiertes Geschäft aufgebaut. Er reiste im Schlafwagen nach London, Rom, Amsterdam, Wien oder Athen, fuhr in die besten Hotels und mietete die luxuriösesten Suiten. Mit Telefon! Für gewöhnlich traf sich dann die unglückliche Dame mit ihm. Diese Verabredungen waren tränenreich, hysterisch, voller Wut, verbittert, beleidigend und vor allem immer lukrativ.

Denn wenn Alphonse ihnen Ausschnitte aus den Briefen vorlas, die sie ihm geschickt und in denen sie ihm die Einkünfte ihrer Gatten bis aufs letzte Pfund oder den letzten Gulden genau erklärt hatten, dann verzichteten sie doch wieder darauf, ihren Männern alles zu erzählen, und Alphonse kehrte mit seiner Apanage wieder nach Paris zurück.

Um größere Beute zu machen, hatte er eine etwas

andere Methode: Manchmal schrieb er einen diskreten Brief, in dem er seinen bevorstehenden Besuch ankündigte, anstatt darauf zu warten, dass die betreffende Dame sich an ihn wandte. Vor Ehemännern oder Brüdern fürchtete er sich nicht sonderlich. Aufgrund seiner Erfahrungen hatte er eine gewisse Verachtung für die menschliche Natur entwickelt. Er glaubte, dass die meisten Menschen Feiglinge seien und Angst vor ihrem eigenen Leben hätten. Noch mehr fürchteten sie sich jedoch vor den Regeln, die ihr Leben bestimmten. Alphonse trug stets zwei mit Silber beschlagene Pistolen in seinen Gesäßtaschen. Sie hatten hübsche Läufe aus Damaszenerstahl und Elfenbeingriffe, in die Nymphen geschnitzt waren. Alphonse hatte sie in Kairo von einem Mann gekauft, der Kokain aus Wien schmuggelte.

Alphonse hatte gut zwanzig »Kunden« in seinen Büchern, und wann immer sich die Gelegenheit ergab, stockte er die Liste auf. Von den zwanzig waren fünf wahre Goldminen (jedenfalls betrachtete er sie als solche). Bei dem Rest konnte man bestenfalls Silber fördern

Eine dieser Silberminen lebte in England, ein ziemlich hübsches, aber stets traurig dreinblickendes Mädchen, das glücklich verheiratet war, wenn sie nicht gerade an Alphonse dachte. Sie liebte ihren Mann und hasste sich selbst. Und sie hasste Alphonse, war ihm jedoch machtlos ausgeliefert. Aber da sie über ein eigenes Vermögen verfügte, konnte sie bezahlen, und das tat sie auch. Dann schrieb sie in einem Anfall von Verzweiflung: »Das ist das letzte Mal und so weiter und so fort ...« Alphonse war amüsiert. Er wartete bis September, wenn ihre nächste Zahlung fällig war, doch sie kam nicht. Und sie kam auch nicht im Oktober oder November. Im Dezember schrieb er ihr. Dabei wollte er nicht im Dezember nach England fahren, denn um diese Jahreszeit war es dort finster und nebelig. In Ägypten war es viel schöner, doch Geschäft war Geschäft.

Sein Brief traf ein, als die Adressatin gerade ihre Tante in Long Island besuchte. Sie war gebürtige Amerikanerin. Alphonse hatte auf ihren letzten Brief nicht geantwortet, sodass sie mit einem Gefühl der Sicherheit in die USA gefahren war.

Ihr Mann, der dieselben Initialen hatte wie seine Frau, öffnete zufällig den Brief und las ihn sorgfältig. Er war kein Narr. Er betrachtete die Frau, die er umworben hatte, nicht als Aussätzige. Was sie vor ihrer Ehe getrieben hatte, war ihre Sache ... Was sie jetzt tat, war seine.

Und da verstand er ihre wilden Träume und ihr wildes, scheinbar sinnloses Weinen, und er wusste, was die Zukunft für sie bereithielt.

Er fuhr nach Paris und zog ein paar Erkundigungen ein. Er suchte die Gesellschaft der ekelhaften Dominospieler, und er hörte viele interessante Dinge.

Alphonse traf in London ein und rief aus einer Telefonzelle an. Madame war nicht daheim. Ein mit Maschine geschriebener Brief erreichte ihn. Darin wurde ihm ein Treffen am Mittwoch vorgeschlagen. Alles war wie immer. Die Affäre lief normal.

Alphonse genoss die Tage des Wartens. Er kaufte sich das neueste Modell von Spanza, arrangierte den Transport des Wagens nach Paris und fuhr eine Zeit lang mit ihm herum.

Zur verabredeten Zeit fuhr er zum verabredeten Ort, klopfte an die Tür und wurde eingelassen …

Riebiera war grün im Gesicht. Ihm zitterten die Knie, und er gab seine beiden Zierpistolen ohne Widerstand ab …

Um acht Uhr am Weihnachtsmorgen erhielt Superintendent Oakington einen Anruf auf dem Apparat neben seinem warmen Bett. Ein Milchmann, der durch Chopham Common gefahren war, hatte ein Stück von der Straße entfernt ein Auto gesehen. Offensichtlich handelte es sich um einen Neuwagen, und er musste die ganze Nacht dort gestanden haben, denn drei Zoll Schnee lagen auf dem Dach, und unter dem Wagen war das Gras grün.

Das war ein faszinierender Anblick, selbst für einen Milchmann um sieben Uhr früh an einem Wintermorgen, der einfach nur seine Kunden so rasch wie möglich versorgen und dann das Fest genießen wollte.

Der Milchmann stieg aus seinem Ford und stapfte durch den Schnee. Er sah einen Mann mit dem Gesicht nach unten auf dem Boden liegen. In der grauen Hand hielt er einen Revolver mit silbernem Lauf. Er war tot. Und dann sah der erschrockene Milchmann den zweiten Mann. Sein Gesicht war nicht sichtbar. Es lag unter einer dicken, grotesken Schneemaske.

Der Milchmann lief zu seinem Wagen zurück und fuhr zum nächsten Polizeirevier.

Eine Stunde nach dem Anruf erreichte Mr Oakington den Tatort. Ein Dutzend Polizeibeamte standen bereits um den Wagen und die beiden Gestalten im Schnee herum. Gott sei Dank waren noch keine Reporter da.

Später am Nachmittag rief der Superintendent den einzigen Mann an, den er kannte und von dem er wusste, dass er ihm die verwirrende Lage erklären konnte.

Archibald Lenton war der vielversprechendste Treasury Junior, den die Anwaltskammer seit Jahren gesehen hatte. Normalerweise rümpft die Anwaltskammer die feine Nase, wenn ein Anwalt sich ausschließlich für Kriminalfälle interessiert, doch Archibald Lemon hatte die unausgesprochene Missbilligung seiner Mitbrüder überlebt und sich auf diesen eher unappetitlichen Aspekt der Jurisprudenz konzentriert. Inzwischen war er sowohl ein erfolgreicher Strafverteidiger als auch ein Experte für alle möglichen Verbrechen. Tatsächlich hatte er darüber sogar ein Lehrbuch verfasst.

Eine Stunde später saß er im Büro des Superintendents in Scotland Yard und hörte sich die Geschichte an.

»Wir haben die beiden Männer identifiziert. Einer ist

Ausländer, ein Argentinier, soweit wir das anhand seines Reisepasses haben feststellen können. Er heißt Alphonse oder Alphonso Riebiera. Er lebt in Paris und war seit gut einer Woche im Land.«

»Gut situiert?«

»Nun, davon gehe ich zumindest aus. Wir haben etwa zweihundert Pfund in seiner Tasche gefunden. Er hat im Nederland Hotel gewohnt, und letzten Freitag hat er ein Auto für zwölfhundert Pfund bar bezahlt. Das ist auch der Wagen, den wir neben den Leichen gefunden haben. Ich habe mit Paris telefoniert. Dort wird wegen Erpressung gegen ihn ermittelt. Die Behörden haben seine Wohnung durchsucht und versiegelt, aber nichts gefunden. Offenbar hatte er alles, was er für seine Geschäfte brauchte, stets bei sich.«

»Sie haben gesagt, auf ihn sei geschossen worden ... Wie oft?«

»Ein Mal. In den Kopf. Der andere Mann ist auf genau die gleiche Art getötet worden. Im Wagen fand sich eine Blutspur, aber sonst nichts.«

Mr Lenton machte sich eine Notiz.

»Und wer ist der andere Mann?«, fragte er.

»Jetzt wird es seltsam ... Es ist ein alter Bekannter von Ihnen.«

»Von mir? Was zum ...?«

»Erinnern Sie sich noch an den Kerl den Sie bei diesem Mordprozess verteidigt haben? Joe Stackett?«

»Das war in Exeter. Grundgütiger! Ist das der zweite?«

»Wir haben ihn anhand seiner Fingerabdrücke identifiziert. Tatsächlich waren wir hinter Joe her. Er war ein exzellenter Autodieb und ist erst letzte Woche aus dem Gefängnis entlassen worden. Gestern Morgen hat er ein Fahrzeug gestohlen, es nach einer kurzen Verfolgungsjagd aber wieder aufgegeben. Leider ist er den Beamten entkommen, die ihn verfolgt haben. Gestern Nacht hat er dann bei einem Gebrauchtwagenhändler einen Wagen gestohlen, aber auch diesmal wurde er entdeckt und verfolgt. Wir haben den Wagen in Tooting gefunden. Anschließend haben wir nichts mehr von Stackett gehört, bis wir ihn in Chopham Common entdeckten.«

Archie Lenton lehnte sich auf seinem Stuhl zurück und starrte nachdenklich an die Decke.

»Er hat den Spanza gestohlen; der Besitzer ist auf das Trittbrett gesprungen, und es ist zu einem Kampf gekommen ...«, begann er, doch der Superintendent schüttelte den Kopf.

»Wo hatte er die Waffe her? Englische Verbrecher haben für gewöhnlich keine Feuerwaffen. Und das waren keine gewöhnlichen Revolver. Silberläufe, geschnitzte Elfenbeingriffe mit Mädchenfiguren ... Zwei identische Waffen. Joe hatte fünfzig Pfund in der Tasche. Die Scheine besaßen fortlaufende Nummern, die zu denen passen, die wir bei Riebiera gefunden haben. Aber hätte

Joe das Geld gestohlen, dann hätte er sich mit Sicherheit alles genommen. Und wie Sie wissen, hätte Joe nicht vor Mord zurückgeschreckt, Mr Lenton. Er hat diese alte Frau in Exeter getötet, auch wenn er später freigesprochen worden ist. Riebiera muss ihm die fünfzig Pfund gegeben haben ...«

Das Telefon klingelte. Der Superintendent zog das Gerät zu sich und hörte zu. Nach einem Gespräch von rund zehn Minuten, bei dem Oakington eine Reihe kurzer Fragen stellte, legte er wieder auf.

»Einer meiner Beamten hat die Bewegungen des Fahrzeugs nachverfolgt. Es hat vor ›Greenlawns‹ gestanden, einem Haus in Tooting. Um neun Uhr fünfundvierzig hat der Postbote es dort gesehen. Wenn Sie nichts dagegen haben, den Weihnachtsabend mit ein wenig Detektivarbeit zu verbringen, können wir mal runterfahren und uns das ansehen.«

Eine halbe Stunde später trafen sie an einem Haus in einer äußerst respektablen Gegend ein. Die beiden Detectives, die sie erwarteten, hatten sich die Schlüssel besorgt, waren aber noch nicht reingegangen. Das Haus stand zum Verkauf und war leer. Es gehörte zwei alten Jungfern, die ihren Besitz einem Immobilienmakler anvertraut hatten, nachdem sie aufs Land gezogen waren.

Das Auftauchen des Autos vor dem leer stehenden Haus hatte das Interesse des Postboten geweckt. Er hatte kein Licht in den Fenstern gesehen und war zu dem

Schluss gekommen, dass das Fahrzeug einem Gast aus einem der Nachbarhäuser gehören musste.

Oakington öffnete die Tür und schaltete das Licht an. Seltsamerweise hatten die alten Damen den Strom nicht abstellen lassen, obwohl sie in der Nachbarschaft als notorisch geizig galten. Der Flur war leer, abgesehen von ein paar Perlenvorhängen, die an den Stützbögen unter der Decke hingen.

Auch der vordere Raum war leer. Erst in einem der hinteren Zimmer im Erdgeschoss fanden sie Hinweise auf das Verbrechen. Da war Blut auf dem Parkett und ein Häuflein Asche auf dem Kaminrost.

»Da hat irgendjemand Papier verbrannt. Das habe ich schon gerochen, als wir hereingekommen sind«, erklärte Lenton.

Er kniete sich vor den Rost und nahm vorsichtig eine Handvoll Asche.

»In der ist so lange herumgestochert worden, bis wirklich kein Wort mehr zu lesen war«, sagte er.

Dann untersuchte er die Blutspuren und anschließend die Wände. Das Fenster war mit einem Fensterladen versperrt.

»Dadurch konnte kein Licht rein«, fuhr er fort, »und der Knall des Schusses auch nicht raus. Sonst gibt es hier nichts zu sehen.«

Der Detective Sergeant, der die anderen Zimmer inspiziert hatte, kehrte wieder zurück und berichtete, dass in der Küche ein Fenster aufgebrochen worden sei. Auf dem Küchentisch unter dem Fenster war ein schmutziger Fußabdruck zu sehen. Irgendjemand hatte nur halbherzig versucht, ihn zu entfernen. Hinter dem Haus befand sich ein großer Garten und dahinter lagen Gemüsebeete. Es war leicht, unbemerkt in das Haus einzudringen.

»Aber, wenn Stackett von der Polizei gejagt worden ist, warum sollte er dann ausgerechnet hierherkommen?«, fragte Lenton.

»Der Wagen, den er gestohlen hat, wurde keine zweihundert Meter von hier entfernt gefunden«, erklärte Oakington. »Vielleicht ist er ja in der Hoffnung eingebrochen, hier etwas Wertvolles zu finden. Und dann hat er Riebiera überrascht.«

Archie Lenton lachte leise. »Ich kann Ihnen eine bessere Theorie anbieten«, sagte er, und fast den gesamten Rest der Nacht schrieb er alles sorgfältig auf und rekonstruierte das Verbrechen überzeugend bis ins letzte Detail.

Dieser Bericht wird noch immer bei Scotland Yard verwahrt, und viele hochgestellte Beamte schwören darauf.

Und doch war an jenem 24. Dezember alles anders …

Die Straßen waren rutschig; der Verkehr staute sich, und Stacketts böser, kleiner Wagen drohte ständig auszubrechen. Er war schon schlecht gelaunt gewesen, als er zu seiner hungrigen Gralssuche aufgebrochen war, und je

weiter der Abend fortschritt, ohne dass er etwas vorzu-
weisen hatte, desto wütender wurde er.

Selbst in der Vorstadt war die Hauptstraße überfüllt.
Straßenbahnen fuhren nur noch im Kriechtempo und
läuteten ihre Glocken. An den Gehsteigen drängten sich
die Stände der Straßenhändler. Sie waren mit Ilex und
schlecht gebundenen Mistelzweigen geschmückt. Markt-
schreier priesen ihr rohes Fleisch neben Gemüseständen
an, während sich andernorts buntes Geschirr und Glas
stapelten, in dem sich das Licht der Gaslaternen spie-
gelte ...

Der Wagen geriet ins Schleudern; dann knallte es. Das
Klirren von zerbrechendem Geschirr war ein beängsti-
gendes Geräusch, untermalt vom Schrei des Händlers.
Stackett bekam sein Gefährt wieder unter Kontrolle und
raste zwischen einer Straßenbahn und einem Handkar-
ren hindurch ...

»Hey, Sie da!«

Er riss das Lenkrad herum und hätte fast den Polizisten überfahren, der ihn aufhalten wollte. Er bog in eine
dunkle Nebenstraße ein und trat das Gaspedal durch.
Rechts, links und wieder rechts. Stackett hatte eine lange,
gerade Straße erreicht. Einförmige Häuser reihten sich
hier aneinander, furchtbar trostlose Ziegelgebäude, in
denen Männer, Frauen und Kinder lebten. Hier wurden
sie geboren, hier zahlten sie Miete, und hier starben sie
auch. Eine Meile weiter kam Stackett an einem Fried-

hofstor vorbei. Dort fanden die Bewohner dieser Gegend ihre letzte Ruhestätte, die Belohnung dafür, dass sie überhaupt gelebt hatten.

Die Polizeipfeife war ihm weniger als eine Viertelmeile weit gefolgt. Stackett war auch an einem Beamten vorbeigekommen, der in Richtung des Geräuschs gerannt war. Aber egal … Die Plattfüße bereiteten ihm keine Sorgen. Tatsächlich hatte es seine Laune sogar ein wenig gebessert, den Bullen sinnlos rennen zu sehen.

Stackett brachte den lauten, kleinen Wagen am Straßenrand zum Stehen. Dann griff er nach unten und zündete sich die Zigarette wieder an, die er vorhin auf der verdreckten Fußmatte ausgetreten hatte, die im Takt des Motors zitterte …

Zur selben Zeit fuhr ein Motorradfahrer genau dieselbe glatte Straße runter. Er hatte sich bis zum Kinn dick eingepackt, die Schutzbrille baumelte an seinem Hals. Bei dem uniformierten Polizisten an der Straßenecke bremste er ab, hielt mit dem Fuß im Schneematsch das Gleichgewicht und stellte den Beamten Fragen.

»Ja, Sergeant«, sagte der Polizist. »Ich habe ihn gesehen. Er ist da runter. Ich wollte ihn wegen Verkehrsgefährdung anhalten, aber er hat sich einfach aus dem Staub gemacht.«

»Das muss Joe Stackett gewesen sein.« Sergeant Kenton vom CID nickte. »Hatte der Mann ein schmales Gesicht und eine spitze Nase?«

Der Beamte hatte das Gesicht hinter der Windschutzscheibe nicht gesehen, aber den Wagen, und den beschrieb er nun genau.

»Den hat er aus Elmers Werkstatt gestohlen. Zumindest sagt Elmer das; dabei hat er ihm die Karre vermutlich gegeben. Hehlerware. In welche Richtung ist er, haben Sie gesagt?«

Der Polizist deutete die Straße runter, und der Sergeant drehte das Gas auf und raste mit durchdrehenden Rädern in die Dunkelheit davon.

Dass er Stackett verpasste, war schlicht Pech – Pech für alle einschließlich Mr Stackett, der nun am Anfang eines fantastischen Abenteuers stand. Stackett schaltete den Motor aus. Er musste zu Fuß weiter. Knapp fünfzig Yards entfernt begann eine Straße, die in eine weit bessere Gegend führte als die, durch die er bis jetzt gekommen war. Selbst die trostloseste Vorstadt hat ihr West End, und hier standen Villen auf großen Grundstücken ... äußerst beschauliche Villen mit Terrassen, Außenlampen aus Gusseisen, Buntglasfenstern und sorgfältig gestutzten Rasen und Rosenbüschen. Und nicht zwei dieser Villen glichen einander. Am anderen Ende der Straße sah Stackett kurz ein rotes Licht, und sein Herz machte einen Freudensprung. Weihnachten ... Endlich war Weihnachten mit all dem guten Essen, den Getränken und den anderen Manifestationen von Glückseligkeit, die Joe Stackett so sehr liebte. Langsam schlenderte er die Straße runter.

Dann sah er den Wagen, einen verdammt großen. So einer lohnte sich mal wirklich. Stackett bemerkte eine Gestalt und blieb stehen. Im Dämmerlicht war schwer zu sehen, ob sie zu dem Wagen gehörte. Kurz darauf war sie verschwunden. Stackett lauschte. Weder knallte eine Autotür, noch heulte ein Motor beim Anlassen auf. Kühn ging er ein wenig näher heran. Dabei huschte sein Blick rastlos von rechts nach links und suchte nach Gefahren. Er hörte festliche Geräusche aus den Häusern. Zwei Grammofone spielten Tanzmusik. Doch sein Blick kehrte immer wieder zu der blank polierten Limousine vor dem Haus am Ende der Straße zurück. Im Haus brannte kein Licht. Es war vollkommen dunkel, vom Giebel bis zu den Kellerfenstern.

Stackett beschleunigte seinen Schritt. Es war ein Spanza. Vor lauter Aufregung setzte sein Herz einen Schlag lang aus. Einen Spanza konnte man leicht verkaufen, sehr leicht sogar. Und ein neuer Spanza brachte bis zu hundert Pfund ein. Spanzas waren äußerst beliebt bei Eurasiern und wohlhabenden Hindus. Blinky Jones, der beste Fahrzeughehler Londons, würde ihm mindestens sechzig Pfund in bar zahlen. In einer Woche wäre der Wagen dann verpackt und auf dem Weg nach Indien, um dort für einen ordentlichen Profit wieder verkauft zu werden.

Die Fahrertür stand weit offen. Stackett hörte das leise Surren des Motors. Er stieg auf den Fahrersitz, schloss geräuschlos die Tür, und der Motor wurde auch kaum lauter, als der Spanza sich in Bewegung setzte.

Er war wirklich neu, funkelnagelneu. Hundert Pfund! Mindestens!

Stackett fuhr immer schneller, bis er am Ende der Straße eine breite Kreuzung erreichte und sie überquerte. Dahinter begann eine weitere Einkaufsstraße. Stackett wusste, dass er jetzt besser nicht direkt nach London zurückkehren sollte. Stattdessen würde er aufs Land hinausfahren, einen Umweg durch Esher nehmen und sich London über die Portsmouth Road wieder nähern. Die Kunst des Autodiebstahls bestand darin, so schnell wie möglich aus dem Gebiet des Polizeireviers zu verschwinden, in dem der Wagen gestohlen worden war, und durch das eines anderen zu fahren, das erst Stunden später von dem Diebstahl erfahren würde.

Wenn Stackett Glück hatte, hatte er auch noch andere Beute gemacht. Der Wagen hatte einen großen Kofferraum, und vielleicht verbarg sich auch noch das ein oder andere im Innenraum; ein Fahrrad hatte er schon beim Einsteigen auf dem Rücksitz gesehen. Sobald sich die Gelegenheit dazu bot, würde er sich genauer umsehen. Im Augenblick fuhr er erst einmal in Richtung Epson, um dann kehrtzumachen und die Umgehungsstraße in Kingston zu nehmen. Es schüttete wie aus Eimern, Schnee und Regen zugleich. Stackett schaltete die Scheibenwischer ein und summte eine Melodie vor sich hin. Die Umgehungsstraße war vollkommen leer. Die Nacht war viel zu mies für allzu viel Verkehr.

Mr Stackett überlegte gerade, wo er am besten anhalten sollte, um den Wagen erst einmal zu durchsuchen, als er hinter sich einen unangenehmen Luftzug spürte. Ein Schiebefenster trennte den Fahrersitz vom Fond. Vermutlich hatte sich das irgendwie gelöst. Er streckte die Hand aus, um es wieder zu schließen.

»Fahren Sie weiter, und drehen Sie sich nicht um, sonst puste ich Ihnen das Gehirn aus dem Kopf!«

Unwillkürlich drehte Stackett sich halb um, blickte in den Lauf eines Revolvers und trat vor lauter Schreck auf die Bremse. Der Wagen schleuderte von einer Straßenseite auf die andere, drehte sich halb und kam dann wieder in die Spur.

»Ich habe gesagt, fahren Sie weiter!«, sagte eine metallische Stimme »wenn Sie die Portsmouth Road erreichen, wenden Sie und fahren in Richtung Weybridge. Sollten Sie versuchen anzuhalten, werde ich Sie erschießen. Habe ich mich klar genug ausgedrückt?«

Joe Stackett klapperten die Zähne. Er brachte das Ja nicht über die Lippen. Er konnte nur noch nicken. Erst nach einer halben Meile wurde ihm klar, was er da tat.

Aus dem Fond kam kein weiteres Wort, bis sie an der Pferderennbahn vorbeikamen. Dann änderte die Stimme plötzlich die Richtung.

»Biegen Sie links ab, nach Leatherhead.«

Der Fahrer gehorchte.

Sie erreichten einen Anger. Stackett, der das Land gut kannte, wurde bewusst, wie einsam es hier war.

»Langsamer. Fahren Sie links ran ... Da ist kein Graben. Sie können jetzt das Licht ausschalten.«

Der Wagen rumpelte über den unebenen Untergrund und in ein Gestrüpp ...

»Stopp.«

Die Tür hinter Stackett öffnete sich. Der Mann stieg aus. Dann riss er die Fahrertür auf.

»Raus«, befahl er. »Und schalten Sie vorher das Licht aus. Haben Sie eine Waffe?«

»Ei ... Eine Waffe? Warum zum Teufel sollte ich eine Waffe haben?«, stammelte der Autodieb.

Die ganze Zeit über stand er in einem Ring aus Licht, das von einer außergewöhnlich hellen Taschenlampe stammte, die der Passagier auf ihn gerichtet hatte.

»Sie sind eine Fügung des Schicksals.«

Stackett konnte das Gesicht des Sprechers nicht erkennen. Er sah nur die Waffe in seiner Hand, denn der Fremde achtete sorgfältig darauf, dass sie auch vom Licht erfasst wurde.

»Schauen Sie in den Wagen.«

Stackett tat, wie ihm geheißen, und wäre fast zusammengebrochen. Da kauerte eine Gestalt im Fond, ein Mann. Und da war auch das Fahrrad, dessen Umrisse Stackett schon beim Einsteigen gesehen hatte. Ein Rad berührte das Dach, das andere den Boden. Das Gesicht des Mannes war kreidebleich ... Er war tot! Es handelte sich um einen schlanken, verhältnismäßig kleinen Mann mit dunklem Haar und dunklem Schnurrbart, einen Ausländer. An seiner Schläfe war ein kleines rotes Loch zu erkennen.

»Holen Sie ihn raus«, befahl die Stimme in scharfem Ton.

Stackett taumelte zurück, doch eine starke Hand stieß ihn wieder in Richtung Wagen.

»Holen Sie ihn raus!«

Das Gesicht feucht von kaltem Schweiß, gehorchte der Autodieb, schob die Hände unter die Achseln der leblosen Gestalt, zog sie raus und legte sie ins Gestrüpp.

»Er ... Er ist tot«, wimmerte er.

»In der Tat«, bestätigte der andere.

Plötzlich schaltete er die Taschenlampe aus. In der Ferne war ein Licht auf der Straße zu sehen, das sich ihnen rasch näherte. Es war ein Auto, das nach Esher fuhr. Es raste vorbei.

»Ich habe Sie kommen gesehen, kurz nachdem ich die Leiche in den Wagen verfrachtet habe. Ich hatte keine Zeit mehr, zum Haus zurückzulaufen. Ich hatte gehofft, Sie wären nur ein einfacher Fußgänger. Als ich jedoch sah, wie Sie in den Wagen eingestiegen sind, da war mir Ihr Beruf klar. Wie heißen Sie?«

»Joseph Stackett.«

»Stackett?«

Das Licht strahlte ihm wieder ins Gesicht. »Wie wunderbar! Erinnern Sie sich noch an die Schwurgerichtsverhandlung in Exeter? Wegen der alten Frau, die Sie mit einem Hammer erschlagen haben? Ich habe Sie verteidigt!«

Joe riss die Augen auf. Er starrte an dem Licht vorbei und auf das graue Ding, das ein Gesicht sein musste.

»Mr Lenton?«, fragte er heiser. »Grundgütiger, Sir!«

»Sie haben sie für ein paar armselige Shilling kaltblütig erschlagen, und jetzt wären auch Sie tot, Stackett, hätte ich nicht einen Fehler in der Beweiskette entdeckt. Ich wette, Sie haben sich schon am Galgen gesehen. Erinnern Sie sich noch daran, wie wir im Gefängnis immer darüber gescherzt haben, dass die Falltür in Exeter nicht funktioniert, wann immer sie versuchen, einen Mörder zu hängen? Und wie Sie immer zufrieden gegrinst haben bei der Vorstellung, irgendwann auf genau dieser Falltür zu stehen?«

Joe Stackett grinste auch diesmal, allerdings nicht zufrieden, sondern verlegen.

»Ja, Sir«, sagte er. »Aber man kann einen Mann doch nicht zweimal wegen desselben Verbrechens ...«

Dann fiel sein Blick auf die Gestalt zu seinen Füßen, den kleinen Mann mit dem schwarzen Schnurrbart und dem roten Loch in der Schläfe.

Lenton beugte sich über den Toten, holte eine Brieftasche aus dem Jackett des Mannes und nahm willkürlich zehn Geldscheine heraus.

»Stecken Sie die ein.«

Stackett gehorchte und fragte sich, was er für das Geld wohl tun musste und wie viel noch in der Börse des Toten steckte.

Lenton schaute zur Straße zurück. Inzwischen war der Schneeregen echtem Schnee gewichen. Die Flocken waren klein und fielen so dicht, dass es so aussah, als läge Nebel über dem Land.

»Sie passen perfekt da rein. Ein Mann, außerhalb der Gesellschaft. Das Schicksal hat uns zusammengeführt.«

Joe Stackett nahm all seinen Mut zusammen: Er hatte es mit einem Anwalt und Gentleman zu tun, der ihm vom Standpunkt eines Verbrechers aus unterlegen war. Mit dem Geld wollte Lenton offenbar sein Schweigen erkaufen.

»Was haben Sie getan, Mr Lenton? Es ist schlimm, nicht wahr? Dieser Kerl hier ist tot, und …«

Er muss die Stichflamme gesehen haben, die aus der Hand des Anwalts schoss. Gespürt hat er jedoch vermutlich nichts, denn er war schon tot, bevor er auf der Leiche des anderen lag.

Mr Archibald Lenton untersuchte den Revolver im Licht seiner Taschenlampe und klappte die Trommel aus und wieder ein. Er legte die Waffe neben die Hand des kleinen Mannes mit dem schwarzen Schnurrbart, packte

Joe Stacketts Leiche, schleifte sie zum Wagen und ließ sie dort fallen. Schließlich bückte er sich noch einmal und schloss die noch immer warmen Finger um den Griff eines weiteren Revolvers. Dann holte er das Fahrrad aus dem Wagen und trug es zur Straße. Alles war bereits weiß, und es schneite immer noch.

Mr Lenton radelte los und erreichte zwei Stunden später sein Haus, als die Glocken der anglokatholischen Kirche in der Nachbarschaft melodisch läuteten.

Ein Telegramm von seiner Frau wartete auf ihn:

Frohe Weihnachten, Liebling.

Mit geradezu kindlicher Freude las Mr Lenton noch einmal das Telegramm von seiner Frau. Dass sie daran gedacht hatte ... Er liebte seine Frau wirklich sehr.

Marjorie Bowen

Der chinesische Apfel

Aus dem Englischen von Barbara Röhl

Isabelle Crosland fühlte sich äußerst niedergedrückt, als der Zug, den sie an der Fähre genommen hatte, in den weitläufigen Londoner Bahnhof einfuhr. Die Gaslaternen, die in regelmäßigen Abständen am Bahnsteig angebracht waren, beleuchteten wenig mehr als Schmutz, Nebel und zusammengedrängte, in Umhänge und Umschlagtücher gehüllte Gestalten. Es war ein Fehler gewesen, an Heiligabend einzutreffen; eine Folge von verpassten Zügen, Unentschlossenheit und ihrem Widerwillen gegen die ganze Reise. Die Wahrheit war, dass sie überhaupt nicht nach London hatte kommen wollen. Sie hatte zu lange in Italien gelebt, um sich in England wohlzufühlen. In Florenz hatte sie Freunde, Bewunderer, das, was man »private Mittel« nennt, und war Musikkennerin. Sie trat gelegentlich am Cembalo auf und schrieb viel über antike Musikinstrumente und alte Musik. Sie war verheiratet gewesen, vor einigen Jahren verwitwet und hatte sich als kinderlose Frau gut mit dem Leben arrangiert. Aber mit dem Leben in Florenz, nicht in London. Mrs Crosland missfiel es außerordentlich, diese Pflicht zu erfüllen. Sie sah das Leben gern von der leichten Seite, ja sogar mit einem Hauch von Ironie und Desinteresse; und hier saß sie in diesem düsteren, kalten Bahnhof und hatte den schönen Süden hinter sich gelassen, nur weil sie sich dazu verpflichtet fühlte.

Wie sehr ich es verabscheue, dachte sie, während sie zusah, wie der Träger ihr Gepäck herausstellte, das Richtige zu tun; es kleidet nicht, zumindest mich nicht.

Eine verwitwete Schwester, an die sie sich kaum erinnerte, war verstorben und hatte ein Kind zurückgelassen, das allein auf der Welt stand. Sie, diese Lucy Bayward, hatte ihr geschrieben, und ihre Anwälte ebenfalls. Mrs Crosland war ihre einzige Verwandte. Nicht Geld war vonnöten, sondern menschliche Zuneigung. Endlich war alles arrangiert worden: Die Kleine reiste aus Wiltshire an, und Mrs Crosland würde sich in London mit ihr treffen und sie mit nach Italien nehmen.

Das würde wirklich, überlegte Isabelle Crosland, ein fades Weihnachten werden. Sie wünschte, sie könnte die Verantwortung abwälzen; und während die vierrädrige Mietkutsche sie durch die düsteren Straßen trug, fragte sie sich, ob sie es vielleicht vermeiden konnte, Lucy mit nach Italien zu nehmen.

London wirkte bedrückend auf sie. Die Rinnsteine waren voll mit Schnee, und über allem lag ein gelblicher Nebel.

Ich bin eine Närrin, dachte Mrs Crosland, dass ich Florenz überhaupt verlassen habe. Man hätte die ganze Angelegenheit schriftlich regeln können.

Dem Ort ihres Treffens konnte sie wenig abgewinnen. Es war das alte Haus in Islington, wo ihre Schwester und sie geboren waren und ihre Kindheit verlebt hatten. Das Haus gehörte ihr, und der Mieter war kürzlich ausgezogen, sodass es leer stand. Auch praktisch und passend. Nur, dass Isabelle Crosland nicht unbedingt den Wunsch verspürte, in diese tristen Räume zurückzukehren. Sie hatte keine guten Erinnerungen an ihre Kindheit und Jugend. Martha hatte geheiratet, wenn auch einen schlechten Mann, und war früh entkommen. Isabelle war geblieben, zu lange, und war dann aus Verzweiflung eine Ehe eingegangen, und nur Italien und die Musik hatten sie gerettet. Und noch auf andere Weise war der Süden ihre Rettung gewesen. Ihr Mann, ein langweiliger, pensionierter Offizier auf halbem Sold, war an Malaria gestorben.

Jetzt kehrte sie zurück. An Heiligabend würde sich nicht viel verändert haben; sie hatte das Haus immer möbliert vermietet. Warum hatte sie diese schweren Möbel aus jamaikanischem Mahagoni nicht schon vor langer Zeit verkauft? Wahrscheinlich aus Feigheit, denn sie hegte nicht den Wunsch, ihretwegen einen Briefwechsel anzufangen oder überhaupt davon zu hören. Da war es, genau wie in ihrer Erinnerung; Roscoe Square mit der Kirche und dem Friedhof in der Mitte und den Häusern, die einander wie ein Ei dem anderen glichen, mit Stuck, Brüstungen und den halbrunden Oberlichtern über den Türen mit ihren schweren Türklopfern.

Die Straßenlampen brannten. Es war wirklich ziemlich spät abends. Kein Wunder, dachte Mrs Crosland, dass ich mich erschöpft fühle. Beim Anblick des Platzes überlief es sie kalt; es war, als hätte eine bösartige Macht sie hierher zurückgelockt. Rund um das Eckhaus direkt gegenüber ihrem, das Nummer 12 war, hatte sich eine Gruppe Menschen versammelt. Weihnachtssinger, dachte sie, oder eine große Gesellschaft. Aber es schienen keine Kinder darunter zu sein, und die Menge wirkte sehr still.

In ihrem eigenen Haus brannte Licht. Erleichtert sah sie die helle Fassade. Sowohl im Salon als auch in den Zimmern darüber flackerte das Gaslicht. Dann war Lucy schon eingetroffen. Dieser Teil des Arrangements war also gut verlaufen. Die Anwälte mussten die Schlüssel geschickt haben, wie Isabelle Crosland sie angewiesen hatte, und das Mädchen war so vernünftig gewesen, vor der Ankunft des Fährzugs nach London zu kommen. Trotzdem fühlte Mrs Crosland sich grundlos deprimiert. Schließlich hätte sie in dem verhassten Haus gern noch ein paar Stunden für sich gehabt.

Ihre eigenen Schlüssel steckten griffbereit in ihrer Handtasche. Sie öffnete die Haustür und erschauerte. Es war, als wäre sie wieder Kind und fürchte sich vor der lauten Stimme ihres Vaters oder ihrer Mutter.

Eigentlich hätte ein Hausmädchen anwesend sein sollen. Da Mrs Crosland sehr auf ihren Komfort hielt, hatte sie eine Frau angeschrieben, die sie schon lange beschäftigte, und sie gebeten, sie zu erwarten. Die Frau hatte geantwortet und versprochen, ihre Anweisungen zu befolgen. Aber jetzt rief sie vergeblich »Mrs Jocelyn! Mrs Jocelyn!« durch das von Gaslicht erhellte Haus.

Der Kutscher mochte weder sein Pferd noch seine Decken im Stich lassen, aber ihr kurzes Zögern fand bald ein Ende. Einer der dahergelaufenen Müßiggänger, die man häufiger als früher auf den Straßen herumlungern sah, trat heran. Mrs Croslands Koffer und Taschen wurden in den Flur gestellt, und ihren Fahrpreis hatte sie mit dem englischen Geld, das sie wohlweislich in Dover eingetauscht hatte, bezahlt.

Die Mietdroschke fuhr davon und war bald im Nebel verschwunden. Aber der dürre Jugendliche drückte sich noch herum. Er wies auf die Menschenmenge auf der anderen Seite des Platzes, die einen dunkleren Fleck in der düsteren Umgebung bildete.

»Dort ist etwas passiert, Mum«, flüsterte er.

»Etwas Schreckliches, meinen Sie?« Mrs Crosland ärgerte sich über sich selbst, weil sie das gesagt hatte. »Nein, natürlich nicht«, setzte sie hinzu. »Das ist eine Weihnachtsgesellschaft.« Mit diesen Worten schloss sie die Haustür, sperrte die Dunkelheit aus und stand in dem von Lampen erhellten Vorraum. Sie ging in den Salon, an den sie sich so gut erinnerte und den sie zu Recht hasste.

Der letzte, von ihr klug ausgewählte Mieter hatte alles fast zu gut erhalten zurückgelassen. Bis auf einige helle Flecken an den Wänden, wo Bilder gehangen hatten, sah alles wie früher aus.

Finster blickte Mrs Crosland in die Runde und überlegte, wie dumm sie gewesen war, so lange hierzubleiben.

Im Kamin brannte Feuer, und eine Platte mit Kuchen und Wein stand auf dem tiefroten Mahagoni-Tisch.

In einem Anflug von Mut kehrte Mrs Crosland in den Flur zurück. »Lucy, Lucy, meine Liebe«, rief sie und versuchte einen freundlichen Ton in ihre Stimme zu legen, »ich bin es, deine Tante Isabelle Crosland.«

Sie war verdrossen über sich selbst, weil ihre Worte nicht warmherziger klangen. Ich bin für jegliche Familienbeziehungen verdorben, dachte sie.

Ein hochgewachsenes Mädchen trat auf den Treppenabsatz im ersten Stock.

»Ich warte«, sagte sie, »schon ziemlich lange.«

Mrs Crosland war erleichtert darüber, kein geistloses, langweiliges Wesen vor sich zu haben, und in derselben Sekunde verübelte sie der anderen ihr selbstbewusstes Auftreten.

»Nun«, sagte sie und milderte ihre Worte mit einem

Lächeln ab, »es sieht nicht so aus, als wäre es nötig gewesen, dass ich zu deiner Rettung herbeieile.«

Lucy Bayward kam die Treppe herunter.

»Ich versichere Ihnen, dass ich extrem froh bin, Sie zu sehen«, sagte sie ernst.

Die beiden Frauen setzten sich in den Salon. Mrs Crosland fand, dass Lucy älter wirkte als achtzehn und auch auf ihre dunkle, eher auffällige Art schön war. War sie so, wie man es bei einer Tochter von Martha erwartet hätte? Nun, warum nicht?

»Ich hatte Mrs Jocelyn erwartet, Lucy.«

»Oh, sie war hier; wie Sie sehen, hat sie alles vorbereitet – dann habe ich sie nach Hause geschickt, weil Heiligabend ist.«

Das bedauerte Mrs Crosland; sie war daran gewöhnt, umfänglich bedient zu werden. »Wir werden erst nach Weihnachten reisen können«, klagte sie.

»Aber wir können es uns hier sehr behaglich machen«, meinte Lucy lächelnd.

»Nein«, gab Mrs Crosland zurück und musste sich beinahe zu den nächsten Worten zwingen. »Ich glaube nicht, dass ich das kann – es mir hier behaglich machen –, ich finde, wir sollten lieber in ein Hotel ziehen.«

»Aber Sie haben dieses Treffen arrangiert.«

»Das war unbedacht von mir. Du hast ja keine Ahnung … du bist noch nicht gereist?«

»Nein.«

»Nun, dann kannst du nicht wissen, wie anders es in Florenz ist, wo die Sonne scheint und man seine Freunde um sich hat ...«

»Ich hoffe, wir werden Freundinnen.«

»Oh, das hoffe ich auch. Das habe ich nicht gemeint, nur den Platz und das Haus. Verstehst du, ich habe meine Kindheit hier verbracht.«

Lucy zuckte leicht die Achseln. Sie schenkte sich ein Glas Wein ein. Was für einen falschen Eindruck diese schulmädchenhaften Briefe von ihr vermittelt hatten! Mrs Crosland war ärgerlich, größtenteils auf sich selbst.

»Da wir schon davon gesprochen haben – du hast eigene Freunde?«, fragte sie.

Lucy beugte ihren dunklen Kopf.

»Wirklich«, setzte Mrs Crosland hinzu, »ich habe mir zu viele Gedanken gemacht. Auch hätte ich diese ermüdende Reise nicht zu Weihnachten auf mich zu nehmen brauchen.«

»Das tut mir leid – dass Sie das meinetwegen getan haben; aber glauben Sie mir, dass Sie mir die allergrößte Hilfe sind.«

Sofort entschuldigte sich Mrs Crosland.

»Ich bin übermüdet und sollte nicht so reden. Ich trinke auch ein Glas Wein. Wir sollten uns kennenlernen.«

Sie tranken und musterten sich dabei eingehend.

Lucy hörte nicht auf, Mrs Crosland zu erstaunen. Sie

trug nicht einmal Trauer, sondern ein ziemlich schlecht sitzendes Kleid aus steingrauem Satin, ihr glattes Haar war kürzlich zu Ringellocken gedreht worden, und sie hatte ohne Zweifel einen Hauch Rouge aufgetragen.

»Willst du mit nach Italien kommen? Hast du Pläne?«

»Ja – und dazu gehört auch eine Auslandsreise. Aber keine Angst, ich werde Ihnen nicht zur Last fallen.«

»Diese Unabhängigkeit hättest du auch brieflich zum Ausdruck bringen können«, meinte Mrs Crosland lächelnd. »Ich gehe meinen eigenen Interessen nach – etwas, das Marthas Tod unterbrochen hat …«

»Der Tod ist immer eine Unterbrechung – für jemanden oder etwas, nicht wahr?«

»Ja, und ich habe das sehr hart ausgedrückt. Ich meine, du kommst mir nicht vor wie ein bäuerliches Mädchen, das auf Mitgefühl erpicht ist.«

»In Florenz muss es angenehm sein«, sagte Lucy. »London gefällt mir überhaupt nicht.«

»Aber du bist doch erst seit ein paar Stunden hier …«

»Lange genug, um es nicht zu mögen …«

»Und magst du auch dein eigenes Zuhause nicht?«

»Sie waren in Ihrer Jugend auch nicht glücklich, oder?«, fragte Lucy und sah sie durchdringend an.

»Nein, nein, ich verstehe. Die arme Martha war sicherlich einfachen Geistes, und dein Vater ist lange tot. Ein sehr eingeschränktes Leben, sehe ich.«

»Das kann man wohl sagen. Man hat mir alles verwehrt. Ich hatte nicht einmal so viel Freiheit und Taschengeld wie das Küchenmädchen.«

»So ist es mir auch ergangen«, sagte Mrs Crosland und war selbst schockiert über ihr Geständnis.

»Man ist auf sich gestellt und muss mit dunklen Dingen kämpfen«, meinte Lucy. »Mir missfällt kein Ort, sondern ein Zustand – jung zu sein, verletzlich und ohnmächtig.«

»So, wie ich es war«, pflichtete Mrs Crosland ihr bei. »Ich bin entkommen, und jetzt habe ich die Musik.«

»Ich werde andere Dinge haben.« Lucy nippte an ihrem Wein.

»Nun, ich muss es ansprechen: Du bist nicht das, was ich erwartet hatte. Du bist jünger, als ich war, als ich fortkonnte«, bemerkte Mrs Crosland.

»Trotzdem zu alt, um zu ertragen, was ich erlitten habe.«

Mrs Crosland erschauerte. »Ich hätte nie damit gerechnet, das zu hören«, erklärte sie. »Ich dachte, du wärest eher ein zartes kleines Wesen.«

»Und das bin ich nicht?«

»Nein, du kommst mir sogar sehr entschlossen vor.«

»So, ich bringe Ihre kleineren Koffer nach oben. Morgen früh kommt ja Mrs Jocelyn.«

»Gutes Kind.« Mrs Crosland versuchte, freundlich zu klingen. Sie hatte das Gefühl, sie müsste die Situation besser im Griff haben. Sie hatte sie selbst über sich gebracht, und nun glitt sie ihr aus der Hand.

»Pass mit dem kleinsten Koffer, dem aus rotem Leder, auf; darin sind einige englische Goldmünzen und eine Kette aus falschen Perlen, die ich dir als Weihnachtsgeschenk mitgebracht habe …«

Mrs Crosland hatte das Gefühl, dass der letzte Teil ihres Satzes nicht richtig angekommen war. »… Perlen, sie sind wirklich sehr hübsch.«

»Diese hier auch.« Lucy legte die Hand an ihr schlecht sitzendes Brusttuch und zog eine Perlenschnur hervor.

»Echte Perlen«, sagte Mrs Crosland ernüchtert. »Ich wusste gar nicht, dass Martha …«

Lucy öffnete den Verschluss der Kette und legte sie auf den Tisch; der Anblick dieser Kostbarkeit brachte Mrs Croslands gewohnte ständige Beherrschung etwas ins Wanken. Sie dachte an Schönheit, an Meerwasser, an Tränen und ihre eigene Jugend, die vergeudet und verronnen war wie Wasser, das im Sand verläuft.

»Ich wünschte, ich wäre nie in dieses Haus zurückgekehrt«, stieß sie leidenschaftlich hervor.

Lucy ging nach oben. Mrs Crosland hörte, wie sie sich über ihr bewegte. Wie gut sie dieses Zimmer kannte. Das beste Zimmer, in dem ihre Eltern geschlafen hatten, den riesigen Schrank, den gewaltigen Frisiertisch, die Stiche, die ernste Langeweile, die Stunden, die kein Ende zu nehmen schienen. Was war denn nur in ihrem Leben schiefgegangen? Heftig und eingeschüchtert, beinahe verängstigt durch das Haus stellte sich Mrs Crosland diese Frage.

Das Feuer brannte herunter, und sie legte mit kalten Händen Holz nach.

Wie dumm von ihr, zurückzukommen. Obwohl es so vernünftig war. Man musste vorsichtig mit diesen vernünftigen Entscheidungen sein. Sie hätte das Unvernünftige tun sollen, das Unverantwortliche, dieses alte Haus vergessen und mit Lucy in ein schönes Hotel ziehen.

Oben bewegten sich die Schritte hin und her. Mrs Crosland erinnerte sich an alte Geschichten über Spukhäuser. Wie Schritte in einem oberen Stockwerk erklangen und dann, wenn man nachsah, der Raum leer war.

Angenommen, sie würde jetzt nach oben gehen und feststellen, dass das große Schlafzimmer leer war und Lucy verschwunden! Stattdessen trat Lucy in den Salon.

»Ich habe den Bettwärmer schon vor über zwei Stunden hineingetan, das Feuer brennt hell, und ich habe Ihre Sachen zurechtgelegt ...«

Mrs Crosland war ihr dankbar, aber sie fühlte sich ziemlich apathisch.

Diese Reise hatte ihren mühsam erworbenen Gleichmut gestört. Sie war wirklich müde, und die Bewegungen des Schiffs und das Rattern des Zugs ließen ihre Sinne immer noch schwanken.

»Danke, Lucy, Liebes«, sagte sie kleinlaut, und dann stützte sie den Kopf in die Hand und den Ellbogen auf den Tisch und begann zu weinen.

Lucy betrachtete sie gelassen und trank noch ein Glas Wein.

»Es ist das Haus«, wimmerte Mrs Crosland, »hierher zurückzukehren – und diese Perlen – eine solche Kette hatte ich noch nie ...«

Sie dachte an ihre Freunde, an ihr sogenanntes erfolgreiches Leben und daran, wie wenig sie wirklich besaß.

Sie beneidete diese junge Frau, die rechtzeitig entkommen war.

»Vielleicht hattest du ja einen Komplizen?«, fragte sie listig.

»Oh ja, sonst wäre ich machtlos gewesen.«

Mrs Crosland war interessiert und durch den Wein und die Müdigkeit leicht verwirrt. Vielleicht, dachte sie, meinte Lucy, dass sie mit einem jungen Mann verlobt war, den Martha nicht gebilligt hatte. Aber was meinten sie beide mit dem Wort ›Komplize‹?

»Mir hat wohl Charles Crosland geholfen«, gestand seine Witwe. »Er hat mich geheiratet, und wir sind nach Italien gegangen. Allein hätte ich nie den Mut dazu aufgebracht. Und als er starb, hatte ich die Musik gefunden, sie verstanden und konnte damit Geld verdienen ...« Vielleicht, dachte sie bei sich, wird Lucy doch nicht mit mir nach Italien kommen wollen – was für eine Erleichterung, wenn sie jemanden heiratet. Es ist mir eigentlich gleich, ob sie einen Grobian gefunden hat, denn ich mag sie nicht – nein, und auch nicht die

Pflicht, die Belastung und dass sie mir ein Klotz am Bein sein wird.

Sie war sich sicher, dass es das Haus war, das ihr diese Gefühle einflößte. Denn in diesem Haus hatte sie so oft getan, was sie hatte tun müssen. Diese armseligen Mahlzeiten, das unglückliche Schweigen, die gewalttätigen Reden. Diese Unterdrückung von allem, was man gern tat oder sich wünschte.

»Ich sehe, dass Sie gelitten haben müssen, Mrs Crosland«, sagte Lucy. »Ich habe nicht das Gefühl, Ihnen weniger förmlich begegnen zu können – schließlich sind wir uns fremd. Morgen früh werde ich Ihnen von meinen Plänen erzählen …«

»Ich bin wohl kaum in der Weihnachtszeit aus Italien angereist, um etwas über deine Pläne zu hören«, gab Mrs Crosland in einem verdrießlichen Ton zurück, für den sie sich schämte. »Ich hatte den Eindruck, du wärest recht unselbstständig und bräuchtest meine Fürsorge.«

»Ich habe Ihnen schon gesagt, dass Sie mir den größtmöglichen Dienst erweisen«, versicherte Lucy ihr, während sie gleichzeitig die Perlen nahm und an ihrem Busen barg. »Ich trage Trauer, wenn ich ausgehe, aber im Haus habe ich das Gefühl, es ist eine Farce«, setzte sie hinzu.

»Ich habe wegen meiner Eltern nie schwarz getragen«, erklärte Mrs Crosland. »Sie sind ziemlich früh gestorben, einer nach dem anderen; nachdem sie niemanden mehr zu quälen hatten, wurde ihr Leben unerträglich.«

Lucy saß da und wandte dem Feuer ihr Profil zu. Sie war dünn, mit schräg stehenden Augenbrauen und einem Grübchen unten am Hals.

»Ich wünschte, du würdest dieses Kleid ändern lassen, sodass es dir passt«, bemerkte Mrs Crosland. »In grauem Satin könntest du auch unmöglich reisen …«

»Oh nein, ich habe ein paar Pelze und einen warmen Umhang in einem dunklen Roséton.«

»Dann hat man dich sicherlich nicht so knapp gehalten wie mich.«

»Vielleicht habe ich mich nachher selbst bedient – ist das nicht das Vernünftigste?«

»Du meinst, du hast diese Kleider seit Marthas Tod gekauft? Ich kann mir nicht vorstellen, dass du die Zeit oder das Geld dazu hattest.« Mrs Crosland nahm sich vor, die Anwälte zu konsultieren und sich zu erkundigen, wie es um Lucys Verhältnisse stand.

»Vielleicht hast du ja größere Mittel, als ich dachte«, bemerkte sie. »Ich dachte immer, Martha besäße sehr wenig.«

»Ich habe nicht viel«, sagte Lucy. »Aber ich weiß, wie ich es auszugeben habe. Und wie ich mehr verdienen kann.«

Mrs Crosland stand auf. Die massiven Möbelstücke schienen auf sie zuzurücken, als zweifelten sie ihr bloßes Recht auf Leben an.

In der Tat, in diesem Haus existierte sie nicht; sie war

nur der Geist des Kindes, des Mädchens, das an diesem Ort, in diesem Haus, an diesem Platz mit der Kirche und dem Friedhof in seiner Mitte so viel gelitten hatte und all dem gerade noch rechtzeitig entronnen war. Lucy stand ebenfalls auf.

»Erstaunlich«, seufzte sie, »wie viel Überdruss es im Leben gibt. Wenn ich an all die langweiligen Weihnachten denke ...«

»Ich auch«, sagte Mrs Crosland beinahe entsetzt. »Es war immer so viel schlimmer, wenn andere Menschen Freude zu haben schienen.« Ängstlich sah sie sich um. »Wenn ich daran denke, wie oft Wohlwollen und Zuneigung geheuchelt wurden ...«

»Denken Sie nicht daran«, mahnte die Jüngere. »Gehen Sie nach oben, wo ich alles für Sie hergerichtet habe.«

»Ich fürchte mich vor dem Schlafzimmer.«

In der leeren Küche unter ihnen schlug die eiserne Glocke an.

»Die Weihnachtssinger«, setzte Mrs Crosland hinzu. »Ich erinnere mich, dass wir ihnen früher sechs Pence gegeben haben, nicht mehr. Aber ich habe keinen Gesang gehört.«

»Da war auch keiner. Ich fürchte, diese Leute, die an dem Eckhaus standen, sind zurückgekehrt.«

Mrs Crosland erinnerte sich vage an die Menschenmenge, die sie vom Kutschenfenster aus gesehen hatte;

ein dunkler Fleck in der Finsternis. »Du meinst, es war schon einmal jemand hier? Weswegen?«

»Ich glaube, es hat einen Unfall gegeben. Jemand wurde verletzt ...«

»Aber was kann das mit uns zu tun haben?«

»Natürlich nichts. Aber er hat gesagt, er werde vielleicht wiederkommen ...«

»Wer ist ›er‹?«

Mrs Crosland klang verwirrt, und dann läutete die Glocke erneut.

»Oh, geh doch öffnen, sei ein braves Kind«, sagte sie. Sie war froh über die Ablenkung.

Sie versuchte, sich auf den Namen der Leute zu besinnen, die in dem Eckhaus gegenüber gelebt hatten. Hatten sie nicht ... Inglis geheißen? Und ein Familienmitglied war Nonne gewesen, eine sehr fröhliche, immer strahlende Nonne, oder trog ihre Erinnerung sie ganz und gar?

Zitternd beugte sie sich über das Feuer und dachte an jene dumpfen Weihnachtstage in der Vergangenheit, als die Schönheit und der Zauber der Feiertage weit weg zu sein schienen, wie hinter einer dicken Mauer aus kleinen Ziegeln. Das war immer das Schlimmste daran gewesen; dass irgendwo, vielleicht ganz in der Nähe, Menschen tatsächlich Spaß gehabt hatten.

Sie hörte, wie Lucy im Flur mit einem Mann sprach. Dem Komplizen vielleicht? Sie spürte, dass sie geneigt war, in Eifersucht und Feindseligkeit zu verfallen.

Doch der nüchtern wirkende Mann mittleren Alters, der hinter Lucy in den Salon trat, konnte unmöglich romantische Absichten hegen.

Er trug einen grau melierten Anzug und hielt einen Bowler-Hut in der Hand. Er wirkte ziemlich selbstbewusst, schien aber nicht mit einem freundlichen Empfang zu rechnen.

»Bedaure, Sie noch einmal stören zu müssen«, sagte er.

»Mir tut leid, dass Sie es tun«, pflichtete Mrs Crosland ihm bei. »Aber auf der anderen Seite hege ich alles andere als angenehme Erinnerungen an dieses Haus.«

»Teale der Name, Henry Teale«, sagte der Fremde.

»Bitte setzen Sie sich«, sagte Mrs Crosland. Der Fremde, dieser Mr Teale, setzte sich auf den Rand des Stuhls, was sehr reserviert wirkte. Bald war Mrs Crosland fasziniert von dem, was er zu sagen hatte.

Er war Polizist in Privatkleidung. Mrs Crosland dachte über das Wort »privat« nach – »Privatleben«, »private Mittel«. Er war wegen der Inglis-Sache gekommen, im Eckhaus.

»Oh ja, ich erinnere mich, dass sie so hießen, aber wir kannten niemanden von ihnen – aus wem besteht sie jetzt, die Familie Inglis?«

»Ich habe Miss Bayward hier schon davon erzählt – es war eine alte Dame; seit mehreren Jahren lebte dort nur eine alte Dame mit einer Gesellschafterin …«

»Und sie wurde tot aufgefunden, haben Sie mir gesagt, Mr Teale«, bemerkte Lucy.

»Ermordet, sagt der Arzt, und das war auch von Anfang an der Verdacht.«

»Ich hatte vergessen, dass Sie das gesagt hatten, Mr Teale. In ihrem Alter scheint es nicht so sehr darauf anzukommen – Sie sagten doch, sie sei über achtzig gewesen, nicht wahr?«, fragte Lucy und schenkte dem Detective ein Glas Wein ein.

»Sehr alt, fast neunzig, soweit ich weiß, Miss Bayward. Aber Mord bleibt Mord.«

Mrs Crosland empfand diese Angelegenheit als zusätzliche Last. Mord am Roscoe Square an Heiligabend. Sie hatte das Gefühl, sich bei Lucy entschuldigen zu müssen. »Wahrscheinlich hatte sich deswegen diese Menschenmenge versammelt«, bemerkte sie.

»Ja, solche Neuigkeiten sprechen sich rasch herum, Ma'am. Ein Neffe schaute zum Tee herein und fand sie – tot.«

Mr Teale ging die Umstände des Verbrechens durch, als entledige er sich einer Pflicht. Das Haus war ausgeplündert worden, und der Verdacht war auf die Gesellschafterin gefallen, die verschwunden war. Die alte Mrs Inglis hatte so zurückgezogen gelebt, dass niemand wusste, was sie besessen hatte. Der Neffe, Mr Clinton, war der Meinung, dass viel Bargeld im Haus gelegen haben musste. Jeden Monat war eine große Summe vom

Bankkonto der Inglis' abgehoben worden, und sehr wenig davon wurde ausgegeben. Die Gesellschafterin war fremd in Islington. Sie war erst seit wenigen Wochen angestellt und war verschleiert und bescheiden herumgehuscht, um die mageren Einkäufe für die exzentrische alte Dame zu erledigen.

Die Frau, deren Nachfolgerin sie gewesen war, war vor einigen Monaten unter Tränen und großer Aufregung gegangen. Wo dieses neue Wesen herkam, wusste niemand – vielleicht aus einem Waisenhaus; sie muss ohne Freunde und verloren gewesen sein, um solch eine Stellung anzutreten.

»Das haben Sie mir doch schon alles erzählt«, protestierte Lucy.

»Ja, Miss, aber ich habe auch gesagt, ich müsse Mrs Crosland sehen, sobald sie eintrifft.«

»Nun, Sie sehen Sie jetzt«, bemerkte besagte Dame. »Und ich kann Ihnen überhaupt nicht behilflich sein. Es interessiert mich nicht einmal. Ich habe, als ich hier lebte, ein so abgeschiedenes Leben geführt, dass ich nichts von dem mitbekommen habe, was hier vorging – nicht einmal an dem Platz.«

»Das habe ich auch von Miss Bayward hier gehört, aber ich dachte, Sie hätten vielleicht jemanden gesehen; ich spreche nicht von der Vergangenheit, sondern von der Gegenwart …«

»Jemanden hier gesehen … an Heiligabend …?«

Mr Teale seufzte, als hätte er in der Tat zu viel erwartet. »Wir haben die Nachbarschaft durchkämmt, können aber keine Spur von ihr finden …«

»Warum sollten Sie auch? Natürlich ist sie geflohen und schon weit fort …«

»Schwierig, denn die Bahnhöfe und dann die Häfen werden alle überwacht.«

»Sie dürfen noch einmal den Keller durchsuchen, wenn Sie möchten«, sagte Lucy. »Ich bin mir sicher, meine Tante hätte nichts dagegen …«

Mrs Crosland legte dem Detective keine Steine in den Weg, aber ihr kam die ganze Situation grotesk vor.

»Ich hoffe, Sie entkommt«, entfuhr es Mrs Crosland, die zunehmend müde und verwirrt durch den Wein war, den sie auf leeren Magen getrunken hatte. »Das arme Ding … eingeschlossen … wie in einen Käfig gesperrt …«

»Der Mord war sehr brutal«, erklärte Mr Teale gleichmütig.

»Tatsächlich? Ich nehme an, eine Überdosis eines Schlaftrunks?«

»Nein, Ma'am, nach der Art von David und Goliath, sagte der Arzt. Eine seltene Art von Mord. Ein großer, runder Stein in einer Schlinge, wie man ihn leicht in der Dämmerung am Fluss finden kann, vielleicht mit einem Damenschal geschleudert.«

Mrs Crosland lachte. Die Vorstellung, wie diese unglückliche Gesellschafterin am Ende eines trostlosen Tags durch die zweifelhaften Straßen am Hafen schlich, um mit ihrer Steinschleuder zu üben, erschien ihr absurd.

»Ich weiß, worüber Sie lachen«, meinte Mr Teale kalt. »Aber sie hat ihr Ziel gefunden – den kahlen Schädel von Mrs Inglis, die in ihrem Sessel eingenickt war ...«

»Die Versuchung könnte man verstehen«, pflichtete Mrs Crosland ihm bei. »Aber ich bezweifle, dass sie die Fähigkeit besaß.«

»Das Haus hat einen schönen, ummauerten Garten«, erklärte der Detective. »Und, wie ich schon sagte, diese kleinen Nebenstraßen. Jedenfalls ist ihr der Schädel fein säuberlich eingeschlagen worden; sie hat nicht gelitten, verstehen Sie.«

»Oh, sie muss sehr gelitten haben, damit so etwas möglich war«, brach es aus Mrs Crosland heraus. »Die Mörderin, meine ich ...«

»Das finde ich auch«, sagte Lucy nüchtern.

»Darüber steht mir kein Urteil zu«, bemerkte der Detective. »Ich muss sie aber finden, wenn ich kann. Wir haben Nebel; und dann der ganze Trubel durch die Weihnachtsfeiern, Weihnachtssinger und die späten Gottesdienste in allen Kirchen.«

Spontan zog Mrs Crosland die Vorhänge zurück. Ja, die Kirche war hell erleuchtet, genau wie in ihrer Erinnerung. Das Licht strömte aus den Fenstern über den Kirchhof, über Sarkophage und Grabsteine, und versickerte dann.

»Wohin würde eine solche Frau sich wenden?«, fragte Lucy und sah über Mrs Croslands Schulter zum Kirchhof.

»Das müssen wir herausfinden«, meinte Mr Teale vorsichtig. »Ich mache mich wieder auf den Weg, die Damen. Ich will Sie nur noch davor warnen, Fremde einzulassen, die vielleicht unter irgendeinem Vorwand herkommen. Man weiß nie.«

»Was war denn Davids Stein? Ein glatter Kieselstein? Ich habe es vergessen.« Mrs Crosland ließ die Vorhänge vor die Aussicht auf die Kirche und die trübe, neblige Dämmerung auf dem von Gaslaternen erhellten Platz fallen.

»Der Arzt meint, es müsse ein schwerer, gut gezielter Stein gewesen sein, und genauso einer fehlt. Mr Clinton, der Neffe, der sie als Einziger besuchte, aber nicht ihr Vertrauen genoss, sagte, er habe eine solche Waffe bemerkt, die bei jedem seiner Besuche auf dem Tisch der alten Dame gelegen habe.«

»Wie ist das möglich?«, fragte Mrs Crosland.

Mr Teale erklärte, der Gegenstand sei als chinesischer Apfel bekannt. Aus weißer Jade, mit einer Vertiefung wie bei der echten Frucht und einem daran hängenden Blatt, und alles aus einem Stück geschnitzt und auf Hochglanz poliert. Die alte Dame hatte ihn sehr geliebt, und er eignete sich ausgezeichnet als Waffe.

»Aber diese schreckliche Gesellschafterin«, sagte

Mrs Crosland, die sich jetzt widersinnigerweise von dem Verbrechen abgestoßen fühlte, »konnte doch keine Zeit gehabt haben, mit dieser … ausgezeichneten Waffe zu üben – dazu war sie nicht lange genug bei Mrs Inglis.«

»Ah«, meinte Mr Teale lächelnd. »Wir wissen ja nicht, wo sie zuvor war, Ma'am. Sie hätte sich an einem abgelegenen Ort viel Übung verschaffen können – an Vögeln, Ma'am, und Kaninchen. In den Wäldern auf der Lauer liegen, wie junge Burschen das tun.«

Mrs Crosland gefiel die Vorstellung einer Frau, die versteckt mit einer Steinschleuder auf der Lauer lag, nicht. Sie wünschte dem Detective einen guten Abend, und Lucy brachte ihn zur Tür.

In dem Moment, in dem sie allein war, goss sich Mrs Crosland noch ein Glas Wein ein. Als Lucy zurückkehrte, brach es aus ihr heraus.

»Ach, Lucy, das kommt dabei heraus, wenn man Menschen zu weit treibt – sie töten und flüchten gierig mit ihrer Beute. Ich wünschte wirklich, das wäre nicht geschehen. Was glaubst du, was für eine Frau das gewesen sein mag? Verhärtet, natürlich, und schon älter …«

»Bei seinem letzten Besuch meinte Mr Teale, sie könnte als fast alles maskiert sein.«

»Als fast alles«, wiederholte Mrs Crosland und dachte an die vielen Verkleidungen, die sie selbst getragen hatte, bis sie sich im wunderbar blauen Italien wiedergefunden hatte, immer noch verkleidet, aber auf recht angenehme

185

Art. Sie hoffte, dass ihr diese Maske jetzt nicht entrissen würde; das alte Haus wirkte äußerst bedrückend, und es war töricht gewesen, hierher zurückzukehren. Natürlich war es eine Erleichterung, dass Lucy eigene Pläne zu haben schien. Aber worauf es wirklich ankam, war das Haus; die Rückkehr hierher, bei der sie alles unverändert vorgefunden hatte, und die Erinnerungen an ihre schreckliche Kindheit.

Auch Lucy hatte anscheinend gelitten. Merkwürdig, dass sie Lucy nicht mochte und keinerlei Sympathie für sie oder ihre Pläne empfand.

Endlich fand sie den Weg nach oben und musste sich dem nur allzu vertrauten Schlafzimmer stellen. Ihr eigenes lag auf der Rückseite des Hauses; jedenfalls war das früher so gewesen. So durfte sie nicht denken; ihr Zimmer lag jetzt in der bezaubernden Villa in Fiesole, und dieser Ort hier hatte nicht das Geringste mit ihr zu tun.

Doch das stimmte nicht, und die Erkenntnis legte sich über sie wie ein bleierner Schleier. Natürlich hatte es das. Sie war zurückgekehrt und war nicht nur Lucy begegnet, sondern ihrer eigenen Kindheit.

Die alte Mrs Inglis – welchen Platz hatte sie darin?

Wahrscheinlich war sie immer dagewesen, sogar, als die Frau, die jetzt Isabelle Crosland war, ein Kind gewesen war. Immer da, obskur, exzentrisch, und hatte eine lange Reihe von Gesellschafterinnen verschlissen, bis eine von ihnen ihr mit dem aus Jade geschnitzten chinesischen Apfel, den sie mit einem Damenschal schleuderte, den Schädel eingeschlagen hatte.

»Ach, du meine Güte«, murmelte Mrs Crosland, »was hat diese alte, sehr alte Frau mit mir zu tun?«

Ihre Koffer standen neben dem Bett. Sie war zu müde, um sich damit zu beschäftigen. Lucy hatte gewissenhaft ihre Toilettenartikel herausgelegt. Sie begann sich auszukleiden. Ihr blieb nichts anderes übrig, als sich zur Ruhe zu legen; was bedeutete es ihr schon, dass in Islington eine Mörderin gejagt wurde – was hatte Mr Teale noch gesagt? Die Bahnhöfe, die Häfen ... Sie war halb ausgezogen und hatte sich ihr Umschlagtuch umgelegt, als es an der Haustür läutete.

Hastig bedeckte sie sich und trat hinaus auf den Treppenabsatz. Wenigstens eine Ausrede, um sich nicht in das große, förmliche Bett zu legen, in dem ihre Eltern gestorben waren, selbst wenn nur Mr Teale zurückgekehrt war. Lucy stand schon in der Eingangshalle und sprach mit jemandem. Das Gaslicht im Gang fiel auf das Mädchen in dem steingrauen Satinkleid und den Mann auf der Schwelle, mit dem sie sprach.

Es war nicht Mr Teale.

Isabelle Crosland, die auf halber Höhe auf der Treppe stand, erhaschte einen Blick auf ein spitzes, hell ausgeleuchtetes Gesicht. Ein junger Mann mit hochgeschlagenem Kragen und erwartungsvoll leuchtenden Augen. Er sagte etwas, das Isabelle Crosland nicht hören konnte, und dann schloss Lucy die schwere Haustür.

Sie blickte zu ihrer Tante auf. »Ich habe für die Nacht abgeschlossen«, erklärte sie.

»Wer war das?«, fragte Mrs Crosland, der es peinlich war, dass Lucy sie entdeckt hatte.

»Nur ein Nachbar; ein Klatschmaul.«

Lucys Stimme klang begütigend. Sie riet ihrer Tante, zu Bett zu gehen.

»Es ist wirklich schon sehr spät. In der Kirche ist es wieder dunkel. Alle Leute sind nach Hause gegangen.«

»Welches Zimmer hast du, Liebes?«

»Ihr altes, glaube ich; das große Zimmer, das nach hinten hinaus liegt.«

»Oh, ja … das …«

»Nun, machen Sie sich keine Gedanken – es war ein ziemlich unangenehmer Abend, aber jetzt ist er ja vorüber.«

Dunkel und blass stand Lucy in der Tür und zögerte kurz. Aus unerfindlichen Gründen beschloss Mrs Crosland, sie nicht zu küssen, und wünschte ihr mit erzwungener Fröhlichkeit eine gute Nacht.

Als sie allein war, zog sie an der Kette der Gaslichtlampe und stand sofort im Dunkeln. Nur Lichtkreise, die über die Decke zogen, wiesen darauf hin, dass eine einsame Hansom-Taxe vorüberzog.

Vielleicht Mr Teale, der nach Hause fuhr.

Auch Mrs Inglis würde inzwischen weggebracht worden sein; das Eckhaus gegenüber musste leer sein.

Isabelle Crosland konnte sich doch nicht dazu überwinden, in dem Bett zu schlafen. Sie wickelte sich in Reisedecken, die sie im Dunkel ertastete, und rollte sich auf der Couch zusammen. Bald schlief sie ein, hatte aber keine angenehmen Träume. Beklemmende Fantasien erdrückten sie, und mehrmals wachte sie mit einem Aufschrei auf.

Jedes Mal erkannte sie bedrückt und enttäuscht, dass sie nicht in Florenz war.

Im Morgengrauen ging sie nach unten; der Morgen des ersten Weihnachtstages, wie lächerlich!

Von Lucy keine Spur; und das kalte, trostlose Haus kam ihr wie eine Falle, wie ein Gefängnis vor.

Mrs Crosland, die vor Verdruss fast weinte, sah sich gezwungen, einen Blick in das Zimmer zu werfen, das einst ihres gewesen war. Das Bett war unberührt. Auf dem Wabenmuster der weißen Bettdecke lagen ein Päckchen und eine Nachricht.

Das einzelne Blatt bedeckte einen geöffneten Brief. Mrs Crosland sah auf das mit »Lucy Bayward« unterzeichnete Schreiben. In einer kindlichen, ungelenken Schrift entschuldigte sich die Verfasserin dafür, dass sie erst nach den Feiertagen in London eintreffen werde.

Die Notiz war in einer anderen Handschrift verfasst.

Ich hatte versprochen, Ihnen meine Pläne mitzuteilen. Ich bin mit meinem Komplizen den Fluss hinunter geflüchtet. Diesen Brief habe ich gefunden, als ich in Ihrem leer stehenden Haus Zuflucht gesucht habe. Das ganze Arrangement war mir äußerst nützlich. Die falschen Perlen für Lucy habe ich zurückgelassen, da ich die meiner verstorbenen Arbeitgeberin habe, aber das Gold habe ich genommen. Niemand wird uns jemals finden. Ich hinterlasse Ihnen ein Weihnachtsgeschenk.

Mit kalten Fingern löste Mrs Crosland die Verpackung. In dem unheimlichen Halbdunkel erblickte sie den chinesischen Apfel.

Quellenverzeichnis

Robert Louis Stevenson: »Markheim« (engl. »Markheim«, zuerst in der Zeitschrift *Broken Shaft. Unwin's Annual* 1885, dann in R. L. Stevenson: *The Merry Men and Other Tales and Fables*. London: Chatto & Windus 1887). Aus dem Englischen von Marguerite Thesing, aus: *Die tollen Männer und andere Erzählungen*. München: Buchenau & Reichert 1924.

Catherine Louisa Pirkis: »Der schwarze Koffer auf der Türschwelle« (engl. »The Black Bag Left on a Door-Step«, veröffentlicht 1893 in der Zeitschrift *The Ludgate Monthly*). Neu übersetzt von Alexandra Berlina; deutsche Erstübersetzung.

Arthur Conan Doyle: »Die Geschichte des blauen Karfunkels«. Aus: Der Bund der Rothaarigen. Stuttgart 1906 (Engl. »The Adventure of the Blue Carbuncle«. Aus: *The Adventures of Sherlock Holmes*. London 1892); anonyme Übersetzung.

Gilbert Keith Chesterton: »Die flüchtigen Sterne« (engl. »The Flying Stars«, Erstveröffentlichung am 20. Mai 1911 in *The Saturday Evening Post*). Aus dem Englischen von Rainer Schumacher; © der deutschsprachigen Übersetzung by Bastei Lübbe AG, Köln.

Edgar Wallace: »Die Chopham-Affäre« (engl. »The Chopham Affair«, Erstveröffentlichung im Dezember 1930 in *The Strand Magazine*). Aus dem Englischen von Rainer Schumacher; © der deutschsprachigen Übersetzung by Bastei Lübbe AG, Köln.

Marjorie Bowen: »Der chinesische Apfel« (engl. »The Chinese Apple«, Erstveröffentlichung unter dem Pseudonym Joseph Shearing im November 1948 in *The Illustrated London News*). Aus dem Englischen von Barbara Röhl; © der deutschsprachigen Übersetzung by Bastei Lübbe AG, Köln.